갈등마저 수용한 크리스챤의 오롯한 심결

뜨락의 이발사

강석관 수필집

오늘의문학사

국립중앙도서관 출판시도서목록(CIP)

뜨락의 이발사 : 강석관 수필집 / 지은이: 강석관. -- 대전
: 오늘의문학사, 2017
p. ; cm

표제관련정보: 갈등마저 수용한 크리스챤의 오롯한 심결
ISBN 978-89-5669-798-7 03810 : ₩12000

한국 현대 수필[韓國現代隨筆]

814.7-KDC6
895.745-DDC23 CIP2017001597

뜨락의 이발사

강석관 수필집

어느 작가가 모방은 자살이라고 한 말을 기억합니다. 남을 따라 흉내만 내다보면 발전이 없다는 뜻이겠지요. 발전을 못하면 처지다 못해, 도태되거나 망할 수밖에 없을 겁니다.

이 말을 부정할 수는 없지만, 저처럼 창의력이 없는 사람은 남을 닮으려고 노력하는 것도 자기 발전에 큰 도움이 된다고 생각합니다. 그대로 모사하지 않으면, 모방도 괜찮은 방법이라 생각하고 있습니다. 우리가 살아가는 대부분이 앞 사람들을 모방하는 까닭입니다. 태어나서 밥을 먹는 것이나, 옷을 입는 것이나, 말을 배우는 것이나, 사회생활을 하는 것 등 모든 것이 모방에서 동질성을 획득하는 것 같습니다.

제가 바로 그 사례의 중심에 서 있는 장본인이라서 이르는 말입니다. 아무 것도 알지 못하고, 캄캄한 세상에서 옆 사람들이 하는 모습을 보며, 조금씩 따라하다 보면, 자신의 마음과 뜻을 담은 새로운 결과가 도출됩니다. 즉 형식이나 과정은 세상의 것들을 따라하지만, 그 내용이나 진실은 자신만의 것이라면 모방도 창작의 어머니가 되리라 믿습니다.

저도 젊었을 때, 처음 편지를 쓸 때 친구에게 부탁한 문외한이었습니다. 그러나 틈만 나면 연습하고 따라했더니 비슷하게 되었습니다. 나중에는 제가 다른 사람의 연애편지를 대필하는 수준에 이르렀습니다. 제가 여기까지 이르게 된 것도 그런 부끄러운 과정이 있었기 때문입니다. 그래서 글쓰기가 두려운 분에게 자신이 한 일, 생각한 일, 느낀 일 등을 진솔하게 써보기를 권합니다. 이 세상 누구든지 초등학교 졸업생인 저보다 나을 것 같습니다.

첫 수필집 『뜨락의 이발사』를 발간하면서 도와주신 모든 분들에게 고마운 인사를 드립니다. 부족한 글을 연재하게 해주신 신문사의 고마운 분들, 신인작품상을 주시며 격려해주신 《문학사랑》의 심사위원님들, 그리고 저의 책이 나오기를 기다린다고 말씀해 주신 목사님을 비롯한 형제자매 여러 분에게 진심으로 감사드립니다.

2017년 1월에 저자 강석관

제1부 가시와 솜털 인생

제2부 참는 것도 복이다

제3부 바르게 사는 법

제1부

가시와 솜털 인생

가을 상사화

저는 운동신경이 발달하지 못한 사람입니다. 행동이 굼뜨고 느리다 보니 그까짓 발동작 하나를 제대로 못 맞춰 춤치고는 가장 배우기 쉽다는 부르스도 못 추는 사람입니다. 사람들은 그런 저를 보고 재미있게 노는 평소의 모습하고는 영 딴판이라고 핀잔합니다.

최근에는 나이가 들다보니 귀찮은 생각까지 더해져 오로지 취미삼아 쓰고 있는 글과 이야기하는 것 외에는 다른데 별다른 관심이 없다보니 현대인의 필수품이 되어버린 휴대폰마저도 제대로 다룰 수가 없습니다. 많은 기능들을 쓸 줄 몰라 거의 전화를 주고받는 것과 문자를 주고받는 것 외에 동영상 하나도 찍을 줄 몰라 이따금 두고 볼만한 아름다운 장면들을 아깝게 놓치는 경우도 많이 있습니다.

그러다보니 남들은 그렇게도 재미있다는 카카오톡도 못합니다. 여기저기서 오는데도 그걸 열어 보질 못하고 많은 정보를 누리지 못하는 상태입니다. 내 친구 한사람은 자기는 일찍부터 배워서 그런지 수십 명에게도 단 한 번에 문자를 보낸다며, 그런 나를 보면서 무척 답답해하고 있습니다. 그래도 직접 가서 전할 말을 앉은자리에서 문자 하나로 주고받을 수 있다는 게 얼마나 좋은지, 요즈음은 일반 편지도 쓰지만 핸드폰 문자를 자주 사용하는 편입니다.

일주일 전에도 지인의 근황이 궁금해서 문자를 보내봤더니 삼일이

지난 9월 23일 그분께서 불갑사 가을여행을 다녀오셨는지, 불갑사의 상사화를 극찬했습니다. 아마도 그분은 지천에 흐드러지게 깔려있는 아름다운 상사화에 반했었나 봅니다. 저도 몇 년 전에 가봤지만 상사화 꽃은 정말 아름답습니다.

불갑사는 원래 사찰로도 유명하지만 상사화 때문에도 더 많이 알려진 곳입니다. 어쩌면 면적 단위로 볼 때 우리나라 최대를 자랑하는 상사화 군락지가 아닌가 싶습니다. 난초과에 속하는 식물이라 잎은 길고 꽃은 정말 아름답게 생겼습니다. 생김새가 워낙 독특하다보니 온갖 시선을 사로잡기에 충분하여 보는 이가 탄성을 자아내는 꽃입니다.

그러나 이름이 말해주듯 상사화는 습성상 잎이 지고 나면 꽃이 피는 성질 때문에 비록 한곳에 머물러 있으면서도 '철의장막'처럼 서로를 그리워만 할 뿐 한 번도 꽃과 잎이 만나보지 못하고 운명을 달리한다하여 상사화라 이름 붙여졌다고 합니다.

어찌하여 그런 슬픈 운명을 타고났는지 '측은지심'이 들지 않을 수 없습니다. 얼핏 보아 겉으로 드러난 화려한 모습에 비해 그 사연이 너무 기가 막혀 여린 마음들을 안타깝게 만들고 있는 게 흠이랍니다.

난초과에 속하는 상사화는 애당초 우리나라에 자생하는 토종식물은 아니지만 지금은 전국 어디서나 볼 수 있기 때문에 한때 제가 사는 유성구 장대동 유성초등학교 운동장 언덕배기 뒤에도 상사화는 있지만 상사화가 있는 한 애잔한 마음도 금할 길이 없습니다.

바라기는 우리 인간사회만큼은 그런 일이 없었으면 좋겠지만, 사람이다 보니 의외로 사람에게 그런 일이 더 많다는 겁니다. 사랑하면서도 차마 떳떳하게 만나보지 못하고, 사랑한다고 말하지 못하고, 끙끙 앓는 상사병이 그것입니다.

상사화는 단일식물이라 운명처럼 타고나 어쩔 수 없이 그 모든 아픔을 감수하고 살아야 하지만 사람이 그렇다면 무슨 꼴이 될까요. 온전할 수가 없을 겁니다. 몸은 수척해지고 자꾸 말라가겠지요. 시름시름 앓아도 방법이 없기 때문에, 다 고친다는 요즈음 의사들도 이 병만은 어떻게 처방을 내려 고칠 수가 없다는 것입니다.

그래서 어떤 어머니는 내가 낳은 자식이지만 그 소원 하나를 들어주기 위해 밤중에 수건으로 당신의 얼굴을 가린 채 아들에게 들어가 그 한을 풀어주고는 어미 목숨을 끊기도 했다는 옛날이야기도 있습니다. 이를테면 우렁각시처럼 저를 낳은 지어미를 잡아먹은 것입니다. 무서운 병입니다. 어미와 누나, 일가친척, 친구의 아내도 가리지 않는 상사병은 무서운 병입니다.

그런 천인공노할 만행을 저지른 실제 사건이 성경 사무엘하 13장부터 기록되어 있습니다. 다윗의 아들 압살롬에게 다말이라고 하는 아름다운 누이동생이 있었습니다. 절대 같이 할 수 없는 이복형 암논이 압살롬의 그 누이동생을 사랑했습니다. 가족이라는 이름으로 우애를 내보인 게 아니라 연인으로서 사랑하지 못할 관계를 맺은 것입니다. 다말은 오빠의 속셈도 모르고 환우 중에 있는 오빠를 위로 차 문안을 갔다가 갑자기 침실에서 달려드는 이복오빠의 힘에 눌려 겁탈을 당하고 말았습니다. 요즈음 말로 암논이 누이동생을 성폭행한 것입니다. 그리고는 그 후 뒤돌아서서 울고불고 난리를 치는 누이동생을 나몰라라 내쳤습니다.

비열한 현상은 지금도 도처에 깔려있습니다. 자기의 욕정만을 채우면 그만이라는 남자의 근성 때문에 여자들은 사랑에 속고 사랑에 우는 것입니다. 조심해야 됩니다. 사랑한다지만 음흉한 계략이 숨어있을 수 있습니다. 성경에 나오는 암논처럼 거짓일 수 있기 때문에 속지 말라고 주의를 주는 것입니다.

유혹이 아닌가도 면밀히 살펴봐야 합니다. 진짜 사랑은 함부로 남발하지 않습니다. 성경은 그런 일이 벌어지기 때문에 서로 사랑하라 했습니다. 일방적일 수 없다는 것입니다. 저는 사랑에 실패한 쓰라린 경험자입니다. 성경대로 사랑은 나도 저를 사랑하지만, 저도 나를 사랑해야 밸런스가 맞는다고 봅니다. 그런 사람은 자기 욕심을 버렸기 때문에 받은 만큼 베풀 줄도 알겠지요.

가을의 갈대

이스라엘 사람들이 지금까지 두고두고 잊지 못할 사건은 출애급 사건입니다. 그 중심에는 언제나 위대한 지도자 모세를 빼놓고는 말할 수 없습니다. 그는 우여곡절이 많은 삶을 산 증인입니다. 애급의 경제 대부흥을 일으킨 요셉을 알지 못하는 새로운 군주의 출현으로 태어나자마자 죽게 되는 운명이었습니다.

그 이유는 이스라엘 민족이 애급의 민족보다 체력이나 정신적인 면에서 강성했기 때문에 이대로 두다간 오래 지나지 않아 이스라엘 민족에게 큰 화를 입을 수도 있다는 두려운 생각에 새로운 왕은 아예 그 불미스러운 일을 미리부터 차단하는 것이 좋겠다하여 그 때로부터 새로이 태어나는 사내아이는 무조건 죽여 버리라는 명령을 내렸기 때문입니다.

그러나 모세의 어머니는 모세를 낳고 보니 그 아이의 인물이 범상치 않음을 알았습니다. 준수한 외모에 틀림없이 장차 언젠가는 인물값을 하리라 본 것입니다. 그는 결국 그 어머니의 예견대로 훗날 애굽에서 종살이하는 자기민족을 구원한 지도자가 되었습니다. 이런 통찰력과 식견이 있었기 때문에 어머니는 아들 모세를 차마 버리지 못하고 그를 갈대상자에 넣어 나일강 갈대 숲 사이에 띄워 보냈던 것입니다. 누군가의 눈에 띄면 살 것이라고 본 것입니다. 그 때 운 좋게도 바로의 딸이 목욕하러 나왔다가 우연히 그 갈대상자를 발견하고 그를 데려다 키운 것이 나중 이스라엘의 위대한 지도자가 된 것입니다.

저는 지금 모세를 칭찬하는 게 아닙니다. 지금이 갈대가 한창이라 성경이야기를 통해 갈대를 구경하는 철이라는 것을 알려드리려는 것입니다. 시기적으로 덥지도 않고 춥지도 않고 나들이하기엔 더 없이 좋은 관광철입니다. 일년내내 농사를 짓거나 꼼짝없이 직장을 다닌다면 어쩔 수 없지만 그래도 요령껏 시간을 쪼개 쓸 수 있는 사람들은 이런 기회를 놓치지 않고 가볼 만한 때가 되었다고 봅니다. 굳이 단풍을 고집하지 않는다면 낭만이 깃든 바닷가 순천만에 흐드러지게 피어있는 갈대밭을 한번쯤 구경하는 것도 요즘에는 좋은 추억거리가 될 것이라 보기 때문입니다.

저는 이미 몇 해 전 어떤 산악회를 통해 그곳에 단체관광을 갔었지만 국화와 함께 그해 마지막으로 보는 구경거리로는 장관이라고 봅니다. 어쩜 그렇게 집단을 이루어 드넓은 평야를 다 덮었는지 어찌 보면 벼를 베기 전 농사를 짓기 위해 바다를 메꾸어 만든 서산간척지에 비교될 만큼 그 규모가 대단했습니다. 다들 같은 생각이 들었었나 봅니다. 여기저기서 사진을 찍느라 카메라 셔터 누르는 소리도 많고 어떤 이는 성큼성큼 걷기도 하고 볼거리에 취한 듯 어떤 이는 타이타닉호를 연상하듯 두 팔을 벌리고 앞을 주시하며 바람을 맞기도 했습니다.

어떻게 볼품없는 갈대가 갈 때가 다 되어서 이런 환대를 받는지 저는 세종시 야생화 연구회 회원으로서 분석해 보지 않을 수 없었습니다. 알고 보니 거기엔 그들만이 살아가는 기가 막힌 방법이 있었습니다. 갈대는 참 지혜롭고 영특한 식물이었습니다. 그는 키만 컸지 바람에 약하다는 것을 알기 때문에 될 수 있는 한 집단을 이루고 삽니다. 가장 뒤늦은 가을 이맘때가 되어서 꽃을 피우는 이유는 갈대가 다른 식물에 비해 양보나 배려심이 많아 때를 놓친 것도 아닙니다. 봄에서 여름 수많은 아름다운 꽃들이 지천에 깔려있을 때 자기들이 끼면 누구한테도 사랑받지 못한다는 것을 아는 것입니다. 시선을 끌려면 남들보다 유달리 키가 크든지 남들이 사라지고 있을 때 꽃을 피워야만 주목을 받는다는 것의 이치를 안 것입니다. 바보가 아니기에 봄부터 가을까지 키만 키우는 것입니다.

이제 낙엽이 지고 있습니다. 한참 으스대던 꽃들은 모두 다들 월동에 들어가고 없습니다. 풀은 시들고 꽃은 떨어졌습니다. 남은 건 갈대 자신 혼자뿐입니다. 얼마든지 뽐을 낼 수 있습니다. 이것이 바로 오늘날 이런 영광을 누리는 이유입니다. 움직이지 않고 한자리에 머물러있지만 주목받고 있습니다. 향기도 없고 아름답지도 못한 자신 때문에 벌나비를 부르는 호객행위도 하지 못합니다. 가만히 있어도 인간 스스로가 알아서 제 발로 찾아와 함께 즐기고 간다는 심리를 꿰뚫어 본 것입니다. 가장 적절한 때 적절한 시기에 적절히 피었다고 판단하는 것입니다.

식물들은 서로 교류가 없어도 원초적 본능에 의해 그런 습성을 잘 알기 때문에 이른 봄, 키가 작은 가락지꽃은 이런 식물들이 자라나면 자신의 정체를 알릴 수가 없기 때문에 그런 식물들이 자라기 전 재빨리 꽃을 피워 자신의 존재감을 드러내기 때문에 그 작은 몸집에도 우리의 시선을 끄는 것입니다. 될 수 있는 한 물가를 선택하는 이유도 접근이 어렵고 갯벌에 번식이 용이하다는 점을 들어 선택했다고 봅니다.

이제 갈대도 얼마 안 있어 갈 것입니다. 이미 푸른 잎도 마르고 서서히 죽어가고 있습니다. 찬바람이 불고 축제가 끝나면 내년을 위해서 사람들은 과감하게 낫을 들고 갈대를 베어낼 것입니다. 불꽃축제로 볼 만한 광경이지만 2010년도 창녕군에서 갈대 태우는 행사를 벌였다가 그만 잘못되어 안타깝게도 두 사람의 희생자가 발생하여 이제 그런 무모한 일을 하지 않을 것입니다. 그때 사상자가 발생하는 바람에 돈 주고도 사지 못할 큰 경험을 했기 때문입니다.

그래서 생각하기를 우리나라도 이집트나 이스라엘 사람들처럼 갈대를 활용하여 바구니나 상자 같은 생활용품을 만들면 얼마나 좋을까, 유용하게 쓰일 텐데 말입니다. 갈대는 대나무과 성질과 비슷해서 마디와 마디 사이가 비어있어 물에 뜨기 때문에 그렇게 하면 일석이조, 님도 보고 뽕도 따는 효과를 거둘 텐데 말입니다.

이제 올해 농사도 다 끝났습니다. 첫 서리도 내렸습니다. 찬바람이 불면 갈대는 울고 낙엽은 내동댕이쳐지고 그렇지 않아도 외롭고 쓸쓸한 가을에 더욱 을씨년스러워질 것입니다. 제발 슬픈 추억만 안됐으면 좋겠습니다. 갈대, 갈대는 왜 갈 때가 다 돼서 피는지를 안다면 우리도 자연의 질서에 순응하며, 욕심 부리지 않고 지혜롭게 살았으면 좋겠습니다.

가을단풍(목타는 소리)

세월이 지나가고 있습니다.
말복이 지나고 입추가 되었습니다.
가을이 깊어지려나 봅니다.
이제 우리 나무들의 영광도 끝나갈 겁니다.
세월의 풍상 앞에는 장사가 없습니다.
어제도 느끼지 못했던 기운이 들고 있습니다.
찬바람이 불면 낙엽이 지고 하루가 다르게 변모할 것입니다.
한동안 젊음을 구가하던 시절 여름은
세월의 뒤안길로 사라져갈 것입니다.

그때는 모두 다들 즐거웠습니다.
한번 비가 왔다하면 우리들 세상이 되고 말았습니다.
우리 몸은 쑥쑥 자라나고 금새 울창한 숲을 이루었습니다.
그늘막이 형성되면 사람들은 더위를 피해
모두다 우리들 곁으로 모여들어 즐거운 휴가를 보내곤 했습니다.
어떤 이는 친구와 함께 가족과 함께
혹은 연인끼리 동행해 오기도 했습니다.
보따리를 풀고 이야기를 나누며 술잔을 돌리고
노래가 오가며 춤도 추고 무척 즐거웠습니다.

가끔은 볼썽사나운 사람도 있었지만
어떤 솔로들은 눈이 맞아
사랑에 빠져 둘이 하나가 되는 커플이 있었습니다.
그때마다 그런 장소를 제공한 우리들도 보람이 있었습니다.

요즘은 변화의 조짐이 나타나고 있습니다.
기온차가 생기면서 사람들의 발길이 예전 같지 않습니다.
찾는 이가 줄어드는 걸 보면
아무래도 기온이 떨어지고 힘든 계절이 올 것 같습니다.
고난의 때가 도래하면 우리는 옷을 벗고 눈보라를 맞아야 합니다.
부는 바람은 원수가 되고 내리는 비는 독이 되어 우리를 울릴 것입니다.
치부도 드러날 것입니다.

대롱대롱 몇 개 남지 않은 잎들이 붙어서 필사적으로 매달리면 우린 잠시 삶을 접어야 합니다.
매서운 추위에 숨죽이며 있어야 합니다.
수개월이 지난 후 봄이 다시 돌아오면
그때서야 새 삶을 시작할 수 있습니다.

우린 그래서 엄동설한 추위도 참고
봄을 기다리며 겨울을 버틸 것입니다.
아~ 목이 탑니다.
붉게 탑니다.
가을은 죽음의 전주곡 같습니다.

가을의 독후감

책 속에 길이 있다. 다들 한 번씩 들어본 말일 겁니다. 의사도 변호사도 선생도 누구도 명예가 있는 사람들은 모두가 한결같이 이 길을 걸어갔던 분들입니다. 누구든 예외 없이 책에서 해답을 얻었고 그런 위치에 서게 되었다고 보는 게 제 견해입니다. 그런 모습들이 눈에 비치기 때문에 우리네 부모님들은 자식들 걱정에, 잘되라고 앉으나 서나 늘 공부, 공부, 공부가 노래입니다.

가르친다고 입에 밴 말로 하도 성화를 내기 때문에 자식들은 어쩔 수 없이 이 학원 저 학원 몇 개씩을 거치다 보니 우리나라 교육열은 세계에서도 으뜸이라는 평가를 받고 있나 봅니다. 학교를 들어갔다 하면 거의 80% 가량은 대학을 졸업하는 정도입니다. 졸업 후 원하는 직장과 직업을 갖고 취직을 하지만 사람들은 학창시절 그렇게 열심히 보던 열정은 다 어디로 갔는지 충분한 시간에도 책은 더 가까이 하지 않습니다. 그게 다른 나라와의 문화의 차이 같습니다.

실제 우리나라는 버스를 타건 지하철을 타건 공원이나 한적한 호반의 벤치에도 책을 보는 모습을 발견하기는 그리 쉽지 않습니다. 볼 만한 책도 많지만 핸드폰이 출시되면서부터 이런 현상은 더욱더 두드러지게 나타나고 있습니다. 갖가지 모든 정보가 총 망라되어있는 핸드폰이 훨씬 더 쓰기 편하고 유용하기 때문입니다. 저도 핸드폰이 있지만 정말 핸드폰은 놀랄 정도로 신비스럽습니다. 그 좁은 공간에서 원하는 정보를 모두 얻을 수 있으니 빠져들지 않을 수 없습니다. 심심하면 하루 종일 게임도 즐길 수 있고 야구에 배구에 도박까지 즐길 수 있습니다. 책을 보는 것처럼 고개를 숙인 채 말입니다.

제가 이 '가을의 독후감'을 쓰는 이유는 핸드폰 조작이 어려워서 하는 말이 아닙니다. 핸드폰은 핸드폰대로 유용하지만 인간이 인간답게 사는 길은 책 속에 있다는 것입니다. 책을 쓰는 사람들은 그들의 다양한 학문을 통해 얻은 지식을 전달해주고 있습니다. 우린 그걸 읽고 깨우쳐 진짜 사람이 되는 것입니다. 양의 탈을 쓴 이리가 아니라 진짜 순한 양이 되는 것입니다. 저도 사람의 탈만 썼지 진짜 사람 같지 않은 사람이었습니다. 한마디로 소통이 안 되는 답답한 사람이었습니다. 최종학력이 초등학교 밖에 못나왔으니 무식하기가 이루 말할 수 없었습니다.

고등학교를 졸업한 제 친구 한 사람은 어찌나 연애편지를 잘 쓰는지 따르는 여자가 많았습니다. 도대체 무슨 말을 누가 먼저 뭐라 했기에 서로 사랑하게 되었는지 그게 그렇게 궁금하고 부러운 선망의 대상이 되었습니다. 나이는 같으나 학문의 차이가 그런 차이를 보였습니다. 그에 비해 저는 입술이 둔하여 말을 잘 못한다는 이스라엘의 지도자 모세처럼, 말을 잘 못해 그 친구의 대필을 받기도 했지만 서로 나누는 말까지 대신할 수가 없어 여자 친구가 떨어져 나갔습니다.

그런 바보천치 같던 제가 어떤 계기로 말미암아 교회에 발을 들여놓기 시작하면서 성경을 보고 듣고 하면서 조금씩 깨우치게 되었습니다. 비로소 책 속에 길이 있다는 것을 알게 되었습니다. 그 후 틈만 나면 책을 보게 되었습니다. 보면 볼수록 감동을 주는 책으로 저는 그때마다 메모도 잊지 않았습니다. 참 재주들이 좋다고 생각했습니다.

그러다 어느 날 저희 교회 담임목사님께서 성경통독을 주문하셨습니다. 읽어보면 생각보다 그리 어렵지 않다는 것입니다. 하루 석장씩 매일같이 하루도 빼놓지 않고 계속해서 읽다보면 성경 신·구약 66권 전체를 1년이면 마스터할 수 있다는 겁니다. 그 말씀에 틈 날 때마다 눈이 가는 대로 훑어보던 성경책을 체계 있게 창세기부터 요한계시록까지 보게 되었습니다. 처음 책장을 넘길 때는 소설책 읽듯 하다 보니 거침없이 술술 잘 넘어갔습니다. 그러다 느낌이 들 때마다 밑줄을 긋고 표시를 하다 보니 속도는 떨어졌습니다. 갈수록 진도는 더디고 느렸지만 그대신 제 머리는 그만큼 잘 돌아갔습니다. 많이 깨우치게 된 것입니다. 그 때마다 '옳거니, 옳거니! 그러니 예수님께서 나는 길이요 진리요 생명이라고 하셨구나!' 말씀을 이해하게 되었습니다.

오늘날 제가 있는 것은 성경 덕분입니다. 성경이 저를 살렸습니다. 저는 성경을 통해서 천당과 지옥을 알았고 인간의 죄와 벌이 존재한다고 믿게 되었습니다. 학교에는 가르치던 방향과는 전혀 가는 길이 달랐습니다. 정말 성경대로만 산다면 얼마나 좋을까요. 누가 죄인이며 무슨 악이 존재할까요. 여기서도 법 없이도 살 수가 있을 텐데 말입니다. '천국은 네 마음속에 있느니라.' 그 말씀이 진리입니다. 마음먹기 달렸습니다. 성경을 보십시오. 새로운 다짐을 하게 될 것입니다.

첫눈

제 신분은 엄청난 고급 관료나 돈 많은 부자가 아닙니다. 언제나 평범한 대한민국 국민의 한 사람이요, 일천만 기독교 교인 중에 한 사람입니다. 신분이 그런 만큼 사람 같은 사람 한 번 되겠다고 열심히 신앙생활을 하는 편입니다. 모든 예배에 참석하는 것을 원칙으로 힘들고 어려워도 빠짐없이 참석하려 노력 중에 있습니다.

오늘 새벽에도 일찍 일어나 새벽예배를 드리고 왔습니다. 다녀오면서 하늘에서 펑펑 쏟아지는 첫눈을 보았습니다. 날아갈 것 같이 기뻤습니다. 작년 12월까지만 해도 잘 볼 수 없었던 눈을 올해 12월에는 크리스마스 때를 맞춰 20일 적기에 눈이 잘 내린 것 같습니다.

이르건 느리건 어차피 겨울이면 신물 나게 보는 눈인데도 모처럼 보는 눈이 왜 그렇게 좋은지 아마도 옛날 그 어린소년시절 같았으면, 이렇게 이른 새벽에라도 일어났으면 추위를 무릅쓰고 손을 호호불면서 아빠 엄마가 부르는데도 못들은 척 눈덩이를 굴렸을 텐데, 왠지 어른이다 보니 차마 그런 철부지 노릇은 못할 것 같아 그냥 탄성만 지르고 뽀얀 눈을 밟고 와 다시 잠을 청했습니다.

그러나 이미 한차례 깨어나 한참 활동하고 돌아온 터라 쉽게 잠이 들진 못했습니다. 설잠을 잔 것입니다. 충분한 휴식이 못 되었기 때문입니다. 시끄러워 눈을 떠보니 어느새 학교 쪽으로 나있는 제 방 창문이

환해져 있었습니다. 창문 밖 공기순환도 시킬 겸 잠시 창문을 열어 봤더니 어느새 아침밥을 먹고 등교를 했는지 그 추운겨울인데도 초등학교 학생들이 수업 전 놀이에 빠져 있습니다. 깔깔대며 자빠지고 넘어지며 몇 명씩 편을 가른 아이들이 서로 상대방을 향해 눈싸움이 한창인데 짝꿍인 듯싶은 어떤 남녀아이는 작은 눈덩이를 굴려놓고 이건 나, 이건 너 신랑각시놀음에 푹 빠져 있었습니다. 아마도 아직은 어린나이지만 동물적 감각에 의해 이성을 구분할 줄 알고 서로 좋아하는 것 같습니다.

잠시지만 그 모습을 보고 있자니 만감이 교차하고 코끝이 짠했습니다. 그네들이 저를 처량하게 만들었습니다. 나도 그랬던 시절이 있었는데 말입니다. 참 그리운 시절이었습니다. 지나고 보면 다 그런 것인데, 왜 그렇게 흘러간 과거사가 그립고 생각나는지 모릅니다.

저는 그럴 때마다 허무한 세월, 비탄에 빠지지 않고 그래도 잘 버텨온 것이 신앙의 덕분이라 믿습니다. 만약에 늘그막에 혼자된 것을 이 겨울에 외롭고 쓸쓸하다 느꼈으면 벌써 타락했을는지 모릅니다. 신앙은 저력이 있습니다. 무서운 힘이 있습니다. 어떤 이는 주를 위해 스스로 참는 것을 가르쳐 주고 있습니다. 참지 못하고 스스로를 다스릴 줄 모른다면 신부도 수녀도 스님도 존재할 수 없는 것이지요. 이런 것을 깨우치고 나니 이 겨울이 독거노인처럼 꼭 외롭고 쓸쓸한 것만은 아닙니다.

눈이 좋듯이 고독을 즐기는 사람은 물 만난 고기 같겠지요. 참 첫눈치고는 많이도 옵니다.

눈 밟는 소리가 뽀드득 뽀드득 나니 말입니다. 오늘 같은 날은 젊은 연인들이 양팔을 벌리고 설원에 누워있으면 로미오와 줄리엣처럼 아름다울 것입니다. 어찌 보면 즐겁고 기분 좋은 날입니다. 그래서 학생들은 '한겨울에 밀짚모자 꼬마눈사람 얼굴이 우습구나 코도 삐뚤고' 하며 눈사람을 만들며 우리의 동요를 부르나 봅니다. 젊은이들도 올 겨울은 화이트 크리스마스를 기대할 겁니다. 나이는 들었지만 그런 기대와 희망을 가져봅니다.

이제 저도 일어나 감기 걸리지 않도록 두꺼운 겨울잠바에 중무장을 하고 곧장 밖에 나가 눈덩이를 굴려 작게나마 교회 앞에 세워, 지나가는 사람들의 동심을 불러일으켜 볼 작정입니다. 그래서 첫눈은 어린이도 어른도 싫지 않은가 봅니다. 스케이트에 썰매, 도심에서는 쉽게 녹지 않는 아파트 그늘이 미끄럼 타기는 아주 좋겠지요.

걷지 않으면 건강은 없다

〈걷지 않으면 건강은 없다.〉 이 말은 제가 어느 날 조치원 봉산동에 있는 오봉산에 갔다가 내려오는 산 중턱의 팻말에 적힌 내용을 그대로 옮긴 것입니다. 이 말은 언뜻 보아 엄청난 감동을 주는 것 같지는 않습니다. 굳이 위대한 사람이 아니더라도 누구나 쉽게 들을 수 있고 할 수 있는 이 말에 저 역시도 그냥 한 번 힐끗 쳐다보고 지나쳤을 뿐입니다. 뒤를 돌아보고 지나가는 사람들의 동태를 살펴보아도 관심밖에 있는지 느낌이 없어서 그런지 그저 그렇게 헉헉대며 산만 오를 뿐이었습니다.

그런데 그 뒤 그 말은 저를 붙들었습니다. 생각하는 사람 로댕처럼 많은 질문을 던져 주었습니다. 요즈음 건강이 큰 이슈입니다. 어딜 가나 먹는 건 화두입니다. 그런데 왜 하필 걷지 않으면 건강은 없다고 단언했을까. 한참을 생각하고 나서야 답을 얻을 수 있었습니다. 그 말은 맞습니다. 확실히 걷지 않으면 건강을 잃기가 쉽습니다. 저는 그 의미를 깨닫고 나서야 비로소 무릎을 쳤습니다. 명언 중의 명언이라 판단했습니다.

원래 인간은 걷는 족속이었습니다. 우리들 부모님들은 우리가 어려서 젖도 떼기 전부터 걸음마를 먼저 시켰습니다. 숨어 살 수 없는 동물들은 태어난 그날부터 걷기 시작합니다. 아무리 어리지만 먹는 것보다는 또 다른 짐승한테 잡혀 먹지 않기 위해서는 우선 태어나자마자 달음

질을 먼저 배워야 위험이 닥칠 때 빨리 도망쳐 적으로부터 몸을 피해 목숨을 부지하고 살 수 있기 때문에 특별히 마련된 은신처가 없는 동물들은 이리 뛰고 저리 뛰고 걸음마부터 배워두는 것입니다.

우린 부모 손에 이끌려 한 걸음, 두 걸음, 방에서 걷고 뜰에서 걷고 마당에서 걷고 울 밖에서 지금껏 걸었습니다. 걸었다하면 보통 10리 20리는 예사였습니다. 천리라면 자동차로도 한참을 달려야 할 텐데 그런 천릿길도 마다않고 걸어다녔습니다. 그래서 천릿길도 한 걸음 부터라는 속담이 태어나기도 했습니다.

성경에 아브라함은 삼일길을 걸었다고 했습니다. 여자들은 집 안에서 남자들은 집 밖에서 걸을 일들이 많았습니다. 그러다보니 몸이 단련되어 발바닥엔 굳은살이 박혀 부르트지도 않고 피곤을 몰랐습니다.

그런데 요즈음은 어떻습니까. 편리하다는 이유로 2층, 3층, 짧은 계단도 걷기를 마다하고 엘리베이터를 이용하고 있습니다. 활동량이 줄고 범위를 좁히다보니 단 5분이면 닿을 수 있는 거리도 자동차를 타게 되었습니다. 자꾸만 움직이기를 싫어하다보니 비만 당뇨에 고지혈증 등 현대인의 고질병에 하체는 나날이 부실할 수밖에 없는 것입니다. 그래서 등산이 유행처럼 되어 버렸습니다.

성경은 모래 위에 집을 짓지 말라고 가르쳐 주셨습니다. 바위처럼 견고하지 못하면, 비가 오고, 물이 나고, 바람 불 때 넘어지기 쉽다는 것입니다. 건축물로만 보면 그것은 상식인데, 그것을 누가 모르나, 반문하기 쉽지만 비유의 본질은 인간의 다리는 우리 몸을 지탱하는 기초라는 것을 알려주는 매우 의미심장한 말입니다.

가분수는 걸음을 잘 걷지 못합니다. 상체가 무거워 똑바로 발을 내 딛을 수가 없는 것입니다. 뒤뚱뒤뚱 걷는 이유입니다. 그런즉 현대인들은 운동이 필수조건입니다. 출근 후부터 퇴근 때까지 좁은 공간 사무실에 하루종일 감방처럼 갇혀 있다 보면 몸의 균형이 깨지기 때문입니다. 그러나 조금만 생각해보면 주변에 우리의 건강을 지켜줄 곳은 정말 많습니다. 학교 운동장이나 공원을 산책하는 방법도 하나의 좋은 예가 될 것입니다. 학자들은 지금도 강조합니다.

사람은 하루에 한 시간 아니면 만보 이상 걷는 것이 유익하다고 합니다. 걷다보면 밝은 햇빛도 쪼이게 되고 좋습니다. 우리나라 사람 93%가 비타민 D가 부족하다는데 그것도 약 없이 보충하기 때문에 일석이조는 물론이요. 엄밀히 따져보면 좋은 점은 한두 가지가 아니랍니다. 몸 안의 오장육부도 활발하게 움직여 여러 가지 질병도 예방한다는 것입니다.

걸어야 됩니다. 혹시 계절에 따라 악천우 눈보라 기상여건이 나빠서 그럴 형편이 못되면 집에서 안마나 지압을 권해드리고 싶습니다. 걷지 못하는 대신 집에서 발바닥을 두들겨 주거나 문지르고 눌러주면 그 닿는 부분에 자극이 생겨 걷는 것과 같은 유사한 효과가 나타나서 좋은 것입니다. 옛말에 뛰어봤자 벼룩이라는 말도 이런 때는 써먹을 만한 것입니다. 제자리걸음도 운동입니다. 유산소 운동도 필수조건 중의 하나이기 때문입니다.

저는 어쩌다 2014년 봄에서 여름으로 넘어가는 환절기에 급성폐렴으로 한 열흘간 병원에 입원한 적이 있습니다. 불과 10여일 짧은 기간이지만 나이가 먹다보니 그 사이에 몸이 굳어 애를 먹었습니다. 다행이 차도가 있어 얼마 후 자리를 털고 퇴원은 했지만 걷는데 정말 힘들었습니다. 저는 그 때, 아! 걷지 않으면 건강이 없다는 것을 실감했습니다.

그 뒤부터 저는 누가 시키지 않아도 매일같이 걸었습니다. 이제 석 달째 하루 한 시간 걷는 것은 아무렇지도 않은 일상이 되어버렸습니다. 걷지 않으면 건강은 없다! 절대 소홀하지 마십시오. 원래 나그네는 걷는 것입니다.

뜨락의 이발사

저는 한 때 돈을 무척 좋아했던 사람입니다. 어릴 적 가난이 너무 싫어 어떻게 하면 부자가 될 수 있을까 싶어 그쪽 방향으로만 머리를 굴렸던 사람입니다. 절약만이 미덕이라고 돈을 벌면서도 쓸 줄은 모르고 모으는 데만 혈안이 되어 있었습니다.

지나고 보니 어느 때는 거의 미친 사람처럼 내가 먹는 밥도 아까워 누군가가 내 생활비를 보태주는 사람이 있었으면 하고 과욕을 부리기도 했었습니다. 그래서 저는 평생에 단 한 번밖에 없는 제 결혼식 날도 이발비 4천원을 절약하기 위해 집에서 머리만 차분하게 빗질을 하고 예식을 올리기도 한 사람입니다.

신혼 초에도 부인과 상의해서 부인머리는 내가 잘라주고 제 머리는 부인이 다듬어 주곤 했습니다. 서로 번갈아가며 대충 긴 것만 다듬고 손을 보다보면 적어도 3번가는 이발소를 한 번만 가도 되었습니다. 그렇게 해서 석 달이면 두 번 8천원의 경비를 줄일 수가 있었습니다.

약속한 대로 저는 결혼 3년 만에 작지만 내 집 마련에 성공했습니다. 대단한 업적이었습니다. 나중에는 빌딩도 한 채 지었습니다. 정말 돈 버는 재미가 있었습니다. 누굴 부러워할 것도 없이 부자가 된 느낌이었습니다. 그런 보람 때문에 저는 새벽같이 일어나 밤늦도록 장사를 해도 그다지 피로를 몰랐습니다. 그런데 사람들이 저를 보면 돈을 벌면 누릴 줄도 알아야 된다며, 그러다 간다며, 끔찍한 말을 한마디씩 던졌습니다.

그때마다 저는 저분들이 우리에 대한 시기와 질투심이라 생각하고 개의치 않았습니다. 수년 후 애들이 크고 나자 우리 어머니, 아버지, 형님, 동생들, 우리 가족들이 나섰습니다. 결혼 33년 후 제 나이 예순넷이 되었을 때 부모형제들도 한목소리를 냈습니다. 지나친 건 부족함만 못하다는 겁니다. 결국 부인은 돈의 노예가 되어 버렸고, 일찍 돈맛을 안 자식들은 아버지를 배반했기 때문에 정신 차리라는 것이었습니다.

저는 그제야 뒤를 돌아보게 되었습니다. 홀로되다보니 아파도 누가 보살펴 줄 사람이 없게 된 것입니다. 저는 여기서 많은 충격을 받았습니다. 이러다 쓰러지면 내 재산이 누구의 것이 되겠는가. 갑자기 성경의 부자청년이 생각났습니다. 오늘밤 네 영혼을 거두어가면 네 재산이 누구의 것이 되겠는가 하는 말씀입니다. 그래서 저는 돈을 쓸 줄도 알아야 한다는 진리를 터득하게 된 것입니다.

저는 변신을 꾀하기 시작했습니다. 아무리 새것이라도 3개월이면 헤지고 못 신는 시장표 2만원짜리 구두도 벗어던지기로 했습니다. 신사복도 정장 아니면 반드시 콤비에 가치 있는 메이커를 선택하고 음식도 미식가처럼 영양가만을 골라먹었습니다.

또한 이 나이에 아무리 잘 입고 잘 먹어도 얼굴에 주근깨 기미가 있으면 안 된다고 그 즉시 달려가 피부과에서 잡티제거도 했습니다. 그리고 정기적으로 이발도 한 달에 한 번씩 했습니다. 또한 중간중간에 길어나는 구렛나루가 보기 싫어 다듬기 위해 미용실을 운영하는 아는 사람을 통해 머리 깎는 바리깡(이발 기구)도 사서 며칠에 한 번씩 거울을 보며 머리를 다듬었습니다.

인물이 달라보였습니다. 말끔한 정장에 항상 멋있는 헤어스타일은 제가 봐도 멋있었습니다. 주변 사람들의 반응도 확 달라졌습니다. 어쩌다 가끔씩 보게 되는 사람들은 저를 보고 사람이 딴판이 되었다고 몇 번씩 쳐다봤습니다. 하나님 말씀에 사람은 외모를 보거니와 하나님은 중심을 보신다는 말씀에 수긍이 갔습니다. 왜 그렇게 많은 미용실이 생기고 머리를 다듬으며 외모에 신경 쓰는지를 알았습니다.

전에는 그 사람들은 저보고 피죽도 한 그릇 못 먹는 사람 같다고 비아냥거렸던 사람들인데 신수가 훤해졌다고 했습니다. 저는 그 때 헤어스타일의 비밀을 알아냈습니다. 맵시는 머리에 있었습니다. 옷은 남루해도 머리만 말끔하게 단정해도 인물이 달라 보인다는 것을 알아낸 것입니다. 그래서 바리깡은 언제라도 쓸 수 있도록 항상 충전이 되어있는 것입니다.

오늘은 집에 가는 날입니다. 둔산에 막내동생이 애들 방학 중에 시골에 다녀오고 싶다고 해서 세차를 하기로 한 것입니다. 저는 음식을 챙기는 길에 바리깡도 챙겼습니다. 이렇게 하지 않으면 한 달에 한 번 꼴로 아버지를 모시고 나와 이발을 시켜 드려야하기 때문에 번거롭고 불편하기 때문입니다. 시골은 돈도 없지만 사람도 없어 만만한 이발소조차도 없습니다. 오늘이 벌써 두 번째 일입니다. 그러나 제 기술이 있어서가 아닙니다. 이발을 배운 적도 없지만 이발을 하기 위해 이발소에서 기다리며 이발사가 이발하는 것을 보면 크게 문제될 게 없는 것 같았습니다.

보고 겪은 대로만 하면 된다고 생각했기 때문입니다. 먼저 아버지를 뜨락으로 모셨습니다. 그리곤 이발사가 하던 대로 두루마리 화장지로 머리카락이 몸속에 들어가지 않도록 목에 두른 다음 옷에 묻지 않도록 보자기로 윗몸을 감싸고는 뒷목의 좌측에서부터 앞쪽 얼굴 구렛나루까지 우측도 같은 방법으로 이발을 해드렸습니다.

30분 정도 걸렸지만 이발은 훌륭했습니다. 말끔한 모습에 아버지도 흐뭇해 하셨습니다. 이제 아버지는 꾀제제한 모습은 안보일 것입니다. 땀에 젖은 의복만 아니라면 지금도 80세 노인양반이지 94세 고령의 다 늙은 노인네로는 보지 않을 것입니다.

저는 오늘도 배웠습니다. 헤어스타일 하나가 이렇게 차이가 난다는 것을 말입니다. 또 하나 돈은 써야 생긴다는 것을 처음 만원을 주고 바리깡을 샀는데 바리깡이 얼마나 돈을 벌어 주었는가? 돈을 버는 것만이 능사가 아니라 때로 쓸 줄도 알아야 다시 돈을 번다는 것은 진리였습니다. 저는 보름만에 집에 또 갈 겁니다. 그때가 되면 또 오늘처럼 아버지 이발을 해드릴 것입니다. 아버지는 그때부터 저를 뜨락의 이발사라 부르셨습니다. 기분이 무척 좋으셨던 것 같습니다.

책과 글을 쓰는 이유

저는 올해 나이 예순 여섯입니다. 66년 전 부모님이 저를 낳을 당시만 해도 가난에 찌든 때라 부모님은 저를 겨우 초등학교밖에 졸업을 못 시켰답니다. 중학교에 진학한 친구들이 몇 명 있기는 한데 그들은 부모님이 밥이라도 먹고 사는 집안 자제들이라 가능했지만 그 외 나머지 친구들은 일찌감치 부모님을 도와 지게를 지고 농촌에 눌러 앉거나 밖으로 돌아야 했습니다.

저는 어려서 일찍 서울 아는 집에 기술을 배운다고 올라가 한 달 500원을 받고 직장생활을 하다가 그 집안이 부도나는 바람에 문을 닫게 되어 어쩔 수 없이 눈 감으면 코 베어가는 서울바닥에서 버티기 힘든 넝마주이 아이스크림 장사를 하며 정말 모진 밑바닥 생활을 해야 했습니다.

별로 수입도 없이 그렇게 수년간을 고생하다 군에 입대를 했습니다. 당시 군 생활은 무장공비 김신조 일당이 38선을 넘어 청와대를 습격했던 후라 무척 고달팠습니다. 낮에는 훈련이 아니면 벙커작업, 밤에는 보초 경계근무, 잠시도 틈이 없는데도 상관들은 군기 잡는다고 비상 걸고 늘 배트가 궁둥이에서 춤을 추고 정말 살벌했습니다.

언제나 5분대기조가 있을 만큼 군대는 단 일분일초도 여유가 없는 초긴장상태로 밤낮을 지냈습니다. 어떻게 하다 시간이 나봤자 체력단련과 겨울 땔감을 구하는 일이 전부였지요.

그러던 어느 날 일소대장님이 전근 가고 대신 다른데서 새로운 소대장님이 부임해 오셨는데 그분은 당시 시골에서 한 명 있을까 말까하는 대학 출신 학사장교로 정훈장교도 아닌데 그분은 모였다하면 그렇게 훈시를 잘했습니다. 대체 어느 대학 무슨 과를 전공했길래 저리도 말을 잘할까? 저는 그게 궁금하고 알고 싶었습니다.

그러다가 소대와 소대와의 연락을 위해 필요한 따까리로 부름 받으면서부터 저는 자주 소대장님 실을 드나들게 되어 그 때 그 소대장님의 책상 위 책꽂이에 꽂혀있는 책을 보게 된 것입니다.

군대 습성상 지휘관도 아닌 말단 일병이 한가롭게 앉아서 책을 읽을 수 없고 서서 대충 책을 넘기다가 거기서 그 소대장님의 연설 내용 일부를 발견하게 되었습니다. 그분은 지금까지 거기 기록된 내용을 발췌하고 다른 것과 가미해서 훈시를 했던 것인데 그게 그렇게 제 마음을 감동시켰던 것입니다.

저는 흥분을 감추지 못했습니다. '나도 책을 좀 봐야겠다.' 생각하고 그때부터 배워야하겠다는 학구열이 생겨서 그 책장 가장 뒷면에 적혀있는 또 다른 책들의 이름을 모조리 적어놓고 사서 보게 된 것입니다.

얼마나 가슴을 뜨겁게 작용했던지 한참 동안 흥분이 가라앉지 못했습니다. 저는 그때 비로소 나도 배워야겠다고 생각했습니다. 그때부터 말하는 연습에 어영부영 살아서는 안 되겠다는 생각에 제대 후 책을 보며 철저한 생활을 시작했습니다.

오늘은 몇 시에 자고, 다음날은 언제 일어나며, 낮엔 무엇을 하고 하루를 보내며, 저녁이 되면 잠자리에 들 때까지 책은 얼마를 봐야겠노라고 일일이 생활계획표를 짜고 1분이라도 낭비하지 않는 것을 보자 동네

사람들이 '저놈이 무서운 놈'이라고 왔다가 도로 집에 갔습니다.

그러나 결혼 후 환경의 지배를 받다보니 책은 뒷전이고 돈 버는 일에만 치중해야 했습니다. 그렇게 30년을 열심히 살았습니다. 그 뒤 생활이 안정되면서 자식들도 군대에서 돌아와 가사를 돕다보니 저는 조금씩 여유가 생기고 그때부터 다시 책을 보며 미뤄왔던 글을 쓰기 시작했습니다.

그렇게 한 번 두 번 쓴 것이 어느새 100여 편, 책을 낼 만도 하지만 초등학교밖에 못나온 주제라 쓴 글을 제가 보기에도 너무도 부족한 게 많았습니다. 원고도 아닌 일반 이면지에 앞뒤 순서도 띄어 쓰는 문장도 받침도 맞지 않고 틀린 곳이 너무 많지만, 세종신문사를 찾아갔더니 내용만 충실하면 우리 편집실에서 수정하여 연재가 가능하다하여 약속을 받고 돌아왔지만, 환영해야할 아내는 한사코 반대하고 막아서는 것입니다. 아내를 설득하지 못해 저는 문단에 서보지도 못한 채 한을 품고 뜻을 접고 말았습니다. 세월이 흘렀지만 지금도 여전히 그 부분이 가장 아쉬움으로 남아 있습니다.

이제 저는 자유로운 몸입니다. 마음 놓고 글을 쓰며, 어느 장소 어디에서나 말할 수 있습니다. 지금은 제 말에 사람들이 감동받고 배꼽 빠지라 웃지요. 그게 보람입니다.

얼마 전에는 예술인들만 모여 있는 자리에서 제가 지은 사랑의 시를 읊어 찬사도 받고, 어떤 단체장님의 연설문도 써드려 감사의 인사를 받기도 했습니다. 제가 저를 생각해도 자부심이 들 만큼 참 많이 발전했다고 봅니다. 배운 것도 없었고 가진 것도 없었지요. 힘도 없었고 살길이 막막했었는데 머리라도 좋으면 살겠다고 늘 솔로몬의 지혜를 달라고

기도했더니 그 귀한 것을 하나님께서 이루어 주셨다고 봅니다.

남들은 혼자된 놈이라 걱정을 많이 하지만 저는 염려하지 않습니다. 대부분 십중팔구는 타락하기 쉽다지만 저는 더 많이 노력했습니다. 답답할 것도 없습니다. 춤에 미친 사람이 춤을 추듯 책보고 글 쓰는 것을 즐기는 겁니다. 배울 게 많아서입니다. 우리나라 사람은 평균 하루 한 장 꼴로 책을 본다는데 말씀이라도 듣고 또 성경책이라도 보다보면 얻는 것이 적지 않기 때문입니다. 저는 늘 그런 감동으로 삽니다.

눈꽃축제

항상 사계절이 분명한 우리나라 기후에 겨울철은 언제나 춥고 눈이 많이 옵니다. 지난 2012년에서 2013년으로 넘어가는 겨울은 그 어느 때보다도 춥고 눈이 많이 쏟아져 내렸습니다. 1월초로 접어들면서부터는 삼한사온이 무색할 정도로 혹한이 계속되는 바람에 눈이 많이 왔습니다. 쌓인 눈은 빙판을 이루어 미끄러워서 사람들은 다니다가 넘어지고 자빠지면 부러지고 다치고 갖가지의 사건사고도 속출했습니다. 교통도 마비되고 엉망이라 적지 않은 지장을 초래했습니다. 생활하는데 상당한 불편을 주었지만 역으로 겨울장사를 하는 사람들은 영업이 잘 되었습니다. 재미를 보았습니다.

좋은 점은 또 있습니다. 많은 눈은 봄 가뭄 해갈에 많은 도움을 주어 농사일을 하는 농사꾼에게는 반가운 일입니다. 밀보리 농사에는 이불 같은 존재인 것입니다. 개들은 또 얼마나 좋아 했을까요. 이리 뛰고 저리 뛰어 온 천지가 개판이 되는 것 같았습니다. 이리 넘어지고 저리 넘어지고 '한겨울에 밀짚모자 꼬마눈사람 얼굴이 우습구나 코도 삐뚤고' 신바람이 난 동네 꼬마 녀석들은 눈사람을 만들고 얼음을 지치느라 마냥 즐겁기만 하지요.

어른들은 다소 불편하겠지만 아이들이나 한참 자라나는 청소년들은 스케이트, 썰매에 얼마나 재미있는지 시간가는 줄 모릅니다. 그런 놀이

기구를 미처 장만하지 못한 가난한 집 아이들도 얼마든지 함께 즐길 수 있는 게 겨울놀이기구입니다. 고물장사도 잘 주어가지 않는 비료 부대 하나만 있으면 값비싼 썰매처럼, 비탈진 곳에서 아래로 미끄럼을 타면 기분은 똑같이 탄성이 절로 나오지요. 구경꾼들도 쏜살같이 내려오는 미끄럼에 부딪혀 넘어지기도 하고, 비명에 함성에 주변은 언제나 소란스러웠습니다.

논바닥에 얼음을 지치느라 손이 꽁꽁 발이 꽁꽁 얼어붙어도 개의치 않고 하루해를 넘겨 야단맞는 어린이도 많았습니다. 물에 빠진 젖은 신발 때문에 부모에게 혼이 나도 금세 잊었는지, 자고 나면 하루 사이에 또 다시 아이는 부모 몰래 기어나가 어제 일을 되풀이하기도 한답니다. 꼭 우리가 보면 저러다 동상 걸릴 것 같지만 그런 애들이 더 튼튼하고 씩씩하지요. 재미있게 지내면 그만인 것입니다.

그러면 훗날 두런두런 옛날 그 시절 그 추억들 두고두고 재미있게 말할 수 있습니다. 사람의 심리가 그렇습니다. 그래서 그 심리를 이용하여 재빨리 아이디어를 짜낸 것이 스키캠프입니다. 다른 지방에서는 눈을 치우느라 야단인데, 강원도에서는 그 눈을 적절히 활용하여 돈을 벌어들이니 머리를 잘 쓴 것이지요. 그렇게 하면 없는 예산에 재정도 절약할 수 있고 돈도 벌고 좋은 것입니다.

강원도는 그게 자랑거리입니다. 그래서 매년 겨울이 오면 강원도는 어김없이 눈꽃축제를 여는 것입니다. 에스키모, 눈사람, 빙벽, 미끄럼틀 등 갖가지의 볼거리 즐길 거리를 만들어 사람들을 불러들이고 있는 것입니다. 올 겨울엔 개장 초 인파가 4만을 초과했다고 했습니다. 눈도 치우고 돈도 벌고 대 성황을 이루었으니 대 성공을 거둔 셈입니다. 말이

4만이지 겨울추위에 이만큼 모이기는 쉽지 않을 터인데, 강원도는 손쉽게 해낸 것입니다. 우리는 수년 전에 다녀온 경험이 있습니다. 참 잘해 놓았다고 보았습니다. 기발한 발상입니다만, 살펴보면 우리 주변에 있는 것들입니다.

그러면 관광객은 그 여행 하나를 위해 그냥 차만 타고 오는 것으로 끝나는 것이 아니지요. 차를 전세내고 또 직접 운전하고 오기까지 경비는 장난이 아닌 것입니다. 그 과정에 쓰는 여행경비는 기름값부터 군것질, 장비에 음식까지 행여 늦거나 놓치면 불행이라고 서둘러오기 때문에 십중팔구는 모두다 강원도 바닥에 뿌려집니다. 그러니 그 눈꽃축제 하나로 지역민이 얼마나 많은 소득을 보고 사는 겁니까? 이제 강원도는 우리가 옛날에 인식하던 산골오지가 아닌 것입니다.

그 외에도 여러 코스를 개발 연계하여 겨울 내내 밀려드는 인파로 북적대는 관광지로 변모했습니다. 이제 그들은 자신을 갖고 있습니다. 눈꽃축제 하나로 나라에서 운영하는 눈꽃열차를 운행할 정도가 되어서 우물쭈물 망설이지 않고 과감해졌습니다. 눈이 적게 와도 걱정하지 않고 눈을 만들어, 어떻게 하든 그 행사를 이어가고 있습니다. 지금 지역마다 축제는 많이 있습니다만 어떤 지방은 이름만 거창할 뿐 속빈강정처럼 내용이 부실하여 예산만 축내고 적자를 보는 경우도 많습니다. 안타까운 현실입니다.

우리는 대천의 머드축제나 금산의 인삼축제 등 최대한 지역적 특성을 되살려 적은 자본으로 많은 이익을 창출해내는 그들의 방식에서 무언가를 배워야합니다. 그러면 특별한 정부의 지원이 없이도 얼마든지 이름값을 할 수 있습니다. 그 지역 자연환경을 적절히 활용하는 방안이 필요하겠습니다. 그들은 연중행사가 아니라 그 때 그 시절 잠깐을 이용하여 일 년 한 해를 보람있게 보내는 것입니다. 어느 집안 어느 분에게 자라나는 자녀와 손자손녀가 있습니다. 애써 어렵게 꼭 강원도를 가겠다는 약속은 안하셔도 됩니다. 겨울이 와서 눈이 오면 오는 족족 치우지 마시고 뭉쳐놓아 보세요. 두껍게 뭉쳐진 눈은 봄이 올 때까지 녹지 않아 가까운 집안에서도 겨울놀이 동심은 영원히 잊지 못할 추억을 만들 수 있습니다. 그러면 겨울눈축제는 이루어질 것입니다.

12월을 보내며…

한해가 저물어 갑니다.
만감이 교차하는 달
잊을 수도 없는 달
그러나 잊어야 할 일입니다.

그 복잡한 세월
어두움에 한 해를 묻고
다시 희망을 찾으려고
이 밤을 뒤척여 봅니다.

창 너머 동녘이 붉게 물들면
나는 다시 시작할 것입니다.
세월의 흔적을 지우고
새로운 꿈을 그릴 것입니다.

이렇게 저렇게 인생의 한 페이지를
장식할 것입니다.
오!

사랑하는 주님이시여!
내 인생에 찾아오셔서
명작을 그리게 하소서…….

먹이 사슬

출산율이 가장 높은 쥐는 한 달에 한 번꼴로 임신을 하고 새끼를 낳습니다. 한번 새끼를 낳았다하면 보통 일곱 마리 정도를 낳는다고 보면 쥐는 1년에 일억 마리라는 엄청난 숫자로 불어난다고 합니다. 번식률이 워낙 좋다보니 온 천지가 쥐들로 들끓는 셈입니다. 수효가 많은 만큼 먹이 또한 엄청나서 이들이 일 년에 먹어치우는 양을 보면 년간 충청남도 도민 전체가 먹고 살 수 있는 엄청난 양이 된다고 하니 또 한 번 놀라지 않을 수 없습니다.

여기에 충격 받은 정부는 1960년대 자급자족을 위해 무엇보다도 우리의 양식을 축내는 쥐를 먼저 퇴치하는 것이 급선무라 하여 막대한 예산을 들여가며 박멸운동을 전개했습니다. 전국적인 행사이다 보니 오로지 식량에만 의존하던 시대라 관공서나 사회단체 각급 학교가 이에 동참했습니다. 우리들은 등굣길에 그 증거물로 쥐꼬리를 싸 짊어지고 학교에 가곤 했습니다.

그런데 오늘날 경제가 좀 나아지고 먹고 살 만하니까 동물애호가들이 들고 일어섰습니다. 자연환경이 파괴된다는 논리와 주장으로 이를 반대하고 나온 것입니다. 그 뒤 산업사회가 되면서부터는 언제부터인가 슬그머니 우리의 관심대상에서 멀어져갔습니다. 일부러 쥐를 잡는 사람이 없습니다. 그렇다고 쥐새끼가 활개를 치는 것도 아닙니다.

그것은 출산률만큼이나 천적에 의해 하루에도 수많은 쥐들이 잡혀 먹히기 때문입니다. 땅에는 족제비와 살쾡이, 오소리, 너구리 등 천적들이 무수히 돌아다니고 하늘에는 공중권세를 잡고 있는 독수리와 매, 부엉이, 올빼미 등이 늘 주시하고 있기 때문입니다. 노리는 천적들이 너무 많기 때문에 엄청난 번식률을 자랑하면서도 쥐는 창궐하지 않습니다. 오히려 그 천적이라는 고양이가 더 많은 꼴이 되어버렸습니다.

언제부터인가 우리 인간이 고양이를 애완동물로 취급하면서 먹이를 사다 먹이면서부터 고양이는 폭발적으로 늘어나게 된 것입니다. 저는 고양이를 기르는 것을 문제 삼는 것이 아닙니다. 개인의 선호도에 따라 자기들이 좋아하는 대로 취향에 맞는 동물을 사다 기를 수 있습니다. 그러나 먹이의 습성만은 자연에 맡겨야 된다는 것입니다. 사냥법을 가르침으로써 사료에 대한 걱정에서 벗어날 수 있으며 도둑으로부터 우리의 양식을 지켜낼 수 있기 때문입니다.

예산과 수고, 시간낭비를 줄일 수도 있습니다. 굳이 겨울에 안방에 모셔 들이지 않아도 삽니다. 지금 한겨울 고동입니다. 북풍한설 몰아친다고 안타까워 마십시오. 태초에 하나님은 고양이가 어디서든지 추위나 더위나 무엇에든지 적응해 가며 적절히 살아갈 수 있도록 지음 받았기 때문에 그냥 내버려 두어도 우리의 간섭 없이 얼마든지 살아갈 수 있습니다. 그러니 자연에 맡겨야 합니다.

그래야만이 먹이사슬에 이상이 없으며 적절히 균형을 맞춰 살아가게 될 것입니다. 그것이 하늘의 조화요 섭리입니다. 요즈음 독수리와 매가 점점 줄어들고 있습니다. 이들 천적들이 사라지면 이 땅에 쥐들이 창궐할 것입니다. 또한 쥐가 없어지면 족제비와 살쾡이, 오소리, 너구리 등이 심한 타격을 입을 것입니다. 자연서식지가 파괴되자 먹이를 찾아 사자가 민가에까지 내려와 닭과 오리, 소, 돼지를 잡아먹는 이유를 알아야 합니다. 질서가 파괴되면 인간 역시도 무사하지 못할 것은 불 보듯 뻔한 일입니다.

기도원의 천사

저는 신앙생활을 한 지가 꽤나 오래되었습니다. 어림잡아 햇수로는 한 40년도 넘은 것 같습니다. 이쯤 되면 성경은 달달달 박사요 교회직분 또한 집사가 아니라 목사쯤 되어야 맞습니다. 하지만 믿음이 적어 그런지 저는 아직도 장로는커녕 권사도 되지 못하고 지금도 집사로서 제자리걸음만 하고 있습니다.

한결같이 변한 게 없다보니 제가 생각해도, 이래도 교인이라 해야 되나 싶습니다. 성경은 '귀 있는 자는 들을지어다.' 말씀하셨는데 저는 귀가 있어도 듣지 못하고 눈이 있어도 보지 못하는 꼴이 된 것입니다.

어떤 분은 이제 교회 들어온 지 얼마 안 되어 몇 달 만에 귀가열리고 말씀의 문이 열리고 은혜 받고 천국도 보았다고 입신을 자랑삼아 간증도 하고 다닌다는데 너무 차이가 많이 나는 것 같습니다. 이런 영적 체험 한 번이 없다보니 저는 하나님의 말씀대로 먼저 된 자가 나중 되고 나중 된 자가 먼저 된다고, 완전 새 신자에게 뒤쳐진 꼴이 되고 만 것입니다.

우리 목사님은 이런 저 같은 사람들 때문에 어떻게라도 변화시켜보실 목적으로 해마다 여름이면 저희들을 데리고 논산에 있는 도곡산 기도원으로 은혜 받으러 가십니다. 이제 여기 온 지 2년 넘어 작년에 이어 올해로 두 번째 이번 여름에도 우리 유일교회 전 성도는 어김없이 또 도곡산 기도원을 다녀오시기로 계획하신 것입니다. 그래서 한 달 전부터 예배시간을 통해서 광고를 하셨기 때문에 이번에도 많은 성도들이 동참해 가셨습니다.

우리 교회는 봉고차밖에 없어 만원이라 저는 제 차를 다른 분들과 합승해 갔습니다. 사람들은 엄청났습니다. 여기저기 원근각지에서 얼마나 많은 사람들이 몰려들었는지 어린이도 어른도 남자도 여자도 할 것 없이 온 강당을 가득 메웠습니다.

우리 교회에서는 특별히 안호경 권사님이 모친 권사님을 모시고 오셨습니다. 이 분은 현재 제자들교회 권사님이신데 따님이 우리 교회 권사님이시라 우리 교회와도 함께 관람하신 적이 있었습니다. 그 당시만 해도 얌전해 보이시는 권사님은 혈색도 좋고 건강하셨는데 하나님이 그분을 통해 무슨 뜻을 이루고자 하시는지 그분은 췌장암으로 위중한 상태였습니다.

저는 올 봄 갑자기 급성폐렴으로 병원에 입원하여 한차례 죽을 고비를 넘긴 사람이라 그분의 일이 남의 일 같지 않았습니다. 그분 권사님이 얼마나 절박한 심정이었는지 부축을 받고 맨 앞줄에 앉아 집회 시간 내내 강사 목사님의 손길이라도 닿았으면 싶어 시종일관 풀이 죽은 채로 기적을 바라보고 계셨습니다.

저는 뒤쪽에 앉아 있었습니다. 우리가 오던 순서대로 자리를 앉을 때도 제 우편에는 서정민 권사님과 그 옆에 최병연 권사님이 자리 잡고, 제 좌측에는 언제 왔었는지, 그 시간을 알 수 없는 모르는 갓난아이 하나가 누워 자고 있었습니다. 장내는 예배 시작 전인데도 서로 은혜 받겠다고 기도하고 찬송하고 할렐루야 아멘 소리로 떠나갈 듯 시끄러웠습니다. 굉음 같은 소리에 귀청이 떨어질 것 같은데도 그 아이는 그냥 아무렇지도 않은 듯 새근새근 자고 있었습니다.

최병연 권사님은 인생 70에 교회생활 수십 년이면 이런 일에는 닳고 닳아 이골이 났을 텐데도 바로 옆 스피커에서 쩌렁쩌렁 울려 퍼지는 소리가 너무 커서 고막이 터질 것 같다고 뒤쪽으로 자리를 옮겨갔는데도 그 아이는 여전히 천연덕스럽게 잠들어 자고 있었습니다.

저는 무심코 바라보았습니다. 그러다 점점 그 아이에게 빠져들게 되었습니다. 가수 신중현의 미인처럼 한 번 보고 두 번 보고 자꾸만 바라보다가 손도 잡아보고 머리를 만져보고 공연히 건드려도 보았지만 그 아이는 아무런 기척도 없이 여전히 그냥 잠만 자고 있었습니다. 이리 뒤척, 저리 뒤척 하였지만 그 잠자는 모습은 우리와는 사뭇 달라보였습니다. 그 때문에 정작 강사 목사님의 말씀보다 그 아이에게 더 관심이 많아졌고 자꾸만 빠져들게 되었습니다.

무엇이 제 마음을 빼앗아 갔을까요. 저는 나중에 발견하게 되었습니다. 그것은 그 아이의 평안한 모습 때문이었습니다. 그 아이는 정말 천사 같았습니다. 그것은 저만 그렇게 생각하고 바라보는 게 아니었습니다. 부모나 가족은 물론이요 주변 사람들도 그렇게 보고 쓰다듬고 행동했습니다. 그렇습니다. 우리는 저 아이와 같이 주와 함께 평안을 누려야 합니다. 삶에 질병이나 고통 괴로움 상처 같은 것은 없었으면 좋겠습니다.

정작 바라는 건 이루어지지 않고 엉뚱한 것이 우릴 지치게 함으로 괴로워 고민하느라 그 아이처럼 잠들지 못하는 것입니다. 무엇을 먹을까 무엇을 입을까 그 아이는 아직 세상에 물들지 않은 아이입니다. 귀를 열고 구태여 들으려 하지도 않습니다. 애시당초 그렇게 태어나 우리처럼 고민하고 괴로워할 이유가 없는 것입니다.

그런데 여기 온 우리들은 예외 없이 모두 다 한 가지씩 그런 고민 때문에 오늘 기도원에 오신 것입니다. 그 아이는 자고 있지만 오늘 우리에게 한 가지 가르친 교훈이 있습니다. 그것은 주님의 평안입니다. 그런데 오늘 이 자리에 이 아이처럼 평안한 사람은 없습니다. 주님은 어린아이와 같지 않으면 천국에 들어갈 수 없다고 말씀하셨습니다. 어린이가 내게 오는 것을 금치 말라 말씀하신 주님, 그 말씀에 저는 여기서 큰 은혜를 받았습니다. 앞으로 일 년 동안, 저는 이 아이처럼 살려고 노력할 것입니다. 이것이 이번 부흥회를 통해서 제가 받은 하나님의 은혜입니다. 정말 그 아이는 하나님의 천사 같았습니다.

입술의 꿀물

어떤 철학자는 말하기를 인간은 4가지의 싸움이 있다고 했습니다. 얼른 생각해봐도 나라가 존재하는 한 군대와 군대의 싸움이 있을 것이고, 농사를 짓고 고기를 잡아 생활하는 농어민은 비바람, 홍수, 가뭄 같은 자연과 싸우지 않으면 안 될 것입니다.

또한 인간이 건강하게 살아가려면 각종 수많은 질병과 싸우지 아니할 수 없으며, 자신의 의지를 나타내기 위해서는 자신과의 싸움도 필히 겪어야 합니다. 이런 것들은 우리가 살아가는데 피할 수 없는 과제들입니다.

그러나 아무리 열거하며 강조해도 시간을 제쳐두고 제대로 싸워 승리했다고는 말할 수 없습니다. 오늘날은 스피드 시대입니다. 눈 감으면 코 베어가는 세상, 눈 깜빡하는 순간에도 놀랄 만한 일들이 벌어지곤 합니다. 제가 펜을 든 지도 벌써 1분이 경과했습니다.

목숨이 경각에 달린 사람, 일초를 다투는 회사경영, 얼마 전 대구에서 열렸던 세계육상선수권대회 100m를 10초 안에 가장 빠르게 달린 선수에게 3억 원의 상금이 주어졌습니다. 따져보면 초당 3천만 원씩 벌었으니 잠간동안 엄청난 수입을 올린 것입니다. 즉 개인 혼자서 어떤 공장 설비도 갖추지 않고 큰 회사를 운영한 셈입니다. 놀라운 일이지요. 이처럼 육상경기대회에서 100m를 10초 안에 주파하는 선수들을 가리켜 우리는 방아쇠를 당기는 순간 목표물에 명중되는 총알과도 같다하여 으레 인간탄환이라고 부르는 것입니다. 그렇게 명명된 사람이 1988년 우리나라 서울올림픽에 출전한 미국의 벤 존슨이었습니다. 정말 빠른 선수라고 느껴지십니까?

하지만 사람은 소리의 속도에 비하면 아무것도 아니지요. 소리는 초당 340m를 질주한다고 합니다. 하지만 대부분의 사람들은 소리의 생명이 너무 짧아 곧 소멸되어 없어지는 것으로 착각하고 있습니다. 소리는 우리의 인식에서 멀어졌을 뿐 죽은 것이 아닙니다. 지금도 어디쯤인가는 쉬지 않고 퍼져나가고 있다고 이해하시면 될 것입니다.

그런데 그 빠르다는 소리도 빛의 속도에 비교하면 완전 조족지혈입니다. 빛은 똑딱하는 순간에 지구를 일곱 바퀴 반을 돈다고 하니 가공할 위력을 가졌다고 할 수 있습니다. 또 쾌속질주하는 물질 중에는 현재 우리가 사용하고 있는 전파가 있습니다. 과학자들은 이와 같이 빠른 전파를 우주공간에 쏘아 올려 추적하면 그 옛날 모세가 하나님으로부터 듣던 10계명의 소리를 따라잡아 우리들도 모세와 같이 그 장엄한 하나님의 음성을 직접 들어볼 수 있는 기회가 올 거라는 것입니다.

추론이지만 얘기만 들어도 가슴이 설레는 엄청난 일입니다. 아마도 하나님을 믿는 신자분들은 흥분을 감추지 못하는 사건일 것입니다. 그러나 기대하지 마십시오. 과거 우리가 아무렇게나 내뱉은 말도 추적해 올 수 있을 텐데 우리 입은 무거웠었나요? 어느 누가 살면서 입에 돌을 달고 살았습니까? 입이 가볍고 방정맞아 늘상 남을 헐뜯고 욕하고 깡패처럼 얼마나 못되게 굴었는지 상상이나 해보셨습니까? 그런 죄악들이 하나하나 낱낱이 드러날 텐데 무슨 낯으로 고개를 뻣뻣히 들고 내가 한 말을 내가 다시 들을 수가 있겠습니까?

정말 감당 못할 것입니다. 소름끼치는 현상입니다. 참으로 설명을 듣고 나면 후회가 되실 겁니다. 그런 날은 없는 것이 나을 것입니다. 그러나 그날이 와도 염려하지 마십시오. 하나님은 사랑이십니다. 잘못을 뉘우치고 회개하는 자에게는 과거를 일체 묻지 않으시고 무조건 용서하신답니다. 이제 마음이 놓이십니까? 평안을 느끼십니까? 지금부터 입술에 꿀을 바르십시오. 달콤한 말에 상대방도 평안해질 겁니다. 그러면 더 이상 걱정은 없습니다.

'세 치의 혀가 사람을 죽이기도 하고 살리기도 한다.' 이것은 명언입니다. 머리에서 지우지 마십시오. 정말 감동이 되었다면 엔돌핀이 솟아나고 뼈가 윤택해질 겁니다. 좋은 말의 결과입니다. 그게 호담입니다.

겨울눈

눈이 내리네.
산에도 들에도
하얀 눈 솜처럼
이불 되어 내리네.
지붕을 덮고
마당을 덮으면
길 가는 이 머리 위에
흰 모자 되고
심술 맞은 강아지
놀이터 위에
주인은 한 발 두 발
발도장을 찍습니다.
세상이 변합니다.
내 마음도 변합니다.
깨끗하게 변합니다.

화장실을 이용하라

우리 모두에게는 지난 어린 시절이 있습니다. 세상에 막 태어나 엄마젖을 먹을 때는 먹는 게 일이요 자는 게 일이었습니다. 그렇게 먹고 자고를 계속하다보면 어린아이는 하루가 다르게 쑥쑥 자라나곤 합니다.

그러다가 곧 밥수저를 들게 되면 상황은 좀 달라지게 됩니다. 갓난티를 벗게 되면 부모님은 그때부터 그냥 두지 않습니다. 이거다 저거다 잔소리를 해가며 사사건건 간섭하고 참견하는 것은 이런 훈육을 통해서 자식이 삐뚤어지지 않고 올바로 커가기를 바라는 부모님의 마음이 있기 때문입니다.

그런고로 조금만 자라도 음식을 내 맘대로 먹을 수 없고 대소변도 아무 때나 볼 수 없습니다. 만약 불규칙한 식습관과 잘못된 행동들을 조기에 잡아주지 못하고 방치하면 훗날 자식이 커서도 건강 때문에 늘 고생하기 때문입니다.

부모는 가정교사입니다. 부모님도 전대에 윗분으로부터 훌륭한 교육을 배웠고, 또한 경험을 통해 얻어진 지식이기 때문에 자식에게도 이런 점을 꼭 가르쳐 두고자 하는 것입니다. 전문가들의 견해도 다르지 않습니다. 의사들도 말하기를 사람은 적당히 먹고 대소변을 잘 봐야만 건강에 이상이 없는 사람이라고 진단하고 있습니다.

욕심 때문에 많이 먹어봐도 우리 몸은 필요 이상 양분을 흡수하지 않고 나머지 음식물들은 그냥 저장해 두었다가 배설물과 함께 밖으로 배출하기 때문에 소용없다는 것입니다. 이런 기가 막힌 신체적 원리를 가지고 있기 때문에 하루에 한 번 변을 보는 사람이 있고 몇 번이고 자주 들락거리는 사람도 있는 것입니다.

저는 모든 사람들이 화장실을 이용할 때마다 과연 그 속에서 무슨 생각을 하고 어떻게 보내느냐하는 내막이 궁금한 것입니다. 단지 그 볼일 하나만 보기 위해서 우두커니 앉아서 덧없이 시간을 보낸다면 그 시간이 아까워서 이르는 말입니다.

화장실 하면 먼저 좋지 않은 인식 때문에 대하기를 꺼려하시는 분들이 대부분입니다. 그것은 우리가 없어서 쩔쩔매던 시절 화장실을 꾸밀 수가 없어서 그랬었습니다. 그때는 화장실이란 용어 자체가 맞지 않아 '뒷간이다' '변소간이다.' 라는 저속한 말을 사용했습니다. 큰 통 하나만 땅에 묻고 그 위에 다리 두 개를 걸치면 그만이라 바닥과 사방에는 구더기가 득실득실 냄새는 진동하고 숨을 쉴 수 없었습니다. 어쩌면 그것은 당연했었는지 모릅니다.

그러나 현실은 다릅니다. 살기가 얼마나 좋아졌는지 화장실 하나도 때깔 나게 꾸미고 살기 때문에 시설면에서는 내실이나 화장실이나 구분이 안 갈 정도로 깨끗해졌습니다. 용도만 다를 뿐 똑같은 환경을 갖추었기 때문에 거실 소파에서 피우던 담배를 여기서도 피울 수 있고 신문도 읽고 어떤 분은 음식을 먹기도 합니다. 유명세가 있어 좀 발이 넓거나 사업을 하는 명사들은 하루 스케줄을 거기서 짜고 그날을 설계하기도 합니다.

화장실을 다양하게 사용하는 이유는 화장실에 있는 동안만은 누구에게도 구애받지 않고 조용히 나 혼자 쓰기에는 너무도 적합하기 때문입니다. 누가 오래 머물러 있어도 나무랄 사람 없고 앉아있는 좌변기는 편안함을 제공하여 줍니다. 다만 어디 생각할 곳이 없어 궁상맞게 화장실에서 시간을 보내느냐하는 잘못된 인식이 발목을 잡는 겁니다. 누가 터치합니까? 훼방을 놓습니까?〉 이런 글을 쓰게 된 동기도 여기에 있습니다.

화장실에 앉아 있다 보면 기발한 생각이 떠오르지요. 위대한 작품 같지 않습니까. 분명 정말 감동받은 분도 있을 것입니다. 여러분 연꽃은 진흙탕 속에서 피어나는 것입니다. 쓰레기더미에서도 장미가 피는 것입니다. 단 몇 분간만이라도 왜 화장실에서 허비합니까. 1초가 아깝지 않은지요.

21세기에는 시간싸움입니다. 바쁘신 분들 그 짬을 이용해보세요. 가만히 앉아서 생각하다보면 기적 같은 일을 도출해 낼 수 있습니다. 이제는 화장실이 회피의 대상이 아닙니다. 시대착오적인 생각은 버려야 합니다. 우리 햇님 산악회 박상일 해설사님도 화장실에서 구더기라는 시를 탄생시켰습니다. 개천에서 용은 날 수 있습니다.

겨울동산

아직도 눈 녹지 않은 2월의 등산길
원색의 차림에 배낭을 메고
저벅저벅 조심스레 자욱을 뗍니다.
굽이돌아 비탈길 언덕길, 도랑을 건너
넘어지고 자빠지며 땅을 짚으며
먼저 간 이 길에 내 역사를 남기고
잠시 쉬자, 숨 돌리면 새로운 흔적
한마디 하고 싶어 고개를 들면
힘들어도 참아라, 내뱉는 소리에
차분히 걷다보니 금세 다 온 길,
야호야호 소리치고 돌아가는 길,
저 아래 동네가 왔던 길인 걸.
원점으로 돌아가는 영시처럼
오늘도 집을 향해 하산합니다.

개척교회

지금 인구 5만 명이 거주하고 있는 조치원 읍내에는 크고 작은 교회들이 많습니다. 그 교회들 중에는 9년 전에 어렵게 개척한, 그리 오래되지 않은 조치원 작은 교회 중흥교회가 있습니다. 이 교회 현수동 목사님은 본래 조치원 분은 아니십니다. 10년 전 다른 곳에서 제가 다니던 조치원 남리에 있는 교회 전도사님으로 부임해 오신 분이십니다. 어떻게 해서 여기까지 오시게 되었는지 동기는 후일 들어보니 제가 다니던 교회 사모님으로 인해 오시게 되었다고 합니다.

적지 않은 키에 준수한 외모, 말수는 적고 듬직한 체형은 성도들을 무척 잘 따르게 했습니다. 그런데 하나님의 교회를 섬기고 목사님을 보필하는 과정에서 무엇이 잘못 되었는지, 그 전도사님도 전과 동일하게 채 일 년을 채우지 못하고 그만 물러나지 않으면 안 될 위기에 처하고 말았습니다. 담임 목사님은 날짜까지 정해놓고 압박을 가하는 바람에 어떻게 피할 곳이 없게 되었답니다.

시간은 촉박하고 갈 곳은 없고 큰 곤란을 겪게 되었습니다. 저는 그때까지 이 교회를 나간 지가 8년차나 되었습니다. 그러나 성도들로부터 들은 목사님의 목회 성향을 잘 알고 있었기 때문에 8년을 다녔지만 누구와 만나도 정당한 인사말 외에는 별로 대화를 나누어 본 적이 없었습니다. 잘못 입을 열었다가는 불같은 성격의 목사님이 화를 내실까봐 늘

조심조심 말없이 다녔었습니다. 교회에 이런 분란이 일어나는 것도 나중에서야 알았습니다.

그런데 하필이면 몇몇 권사님들이 그 전도사님과 함께 저를 찾아주신 것입니다. 그 분들은 제가 작은 하우스에서 매년 조금씩 땅을 사고 집을 짓고 장사를 제법 한다니까 지혜롭다고 보고 어떤 의견을 구하러 오신 듯싶었습니다. 들어보니 이야기 전체의 해법은 하나였습니다. 이 기회에 개척하는 것이었습니다. 저는 그 이유로 전도사님 입장을 들었습니다.

첫째, 전도사님 나이 서른다섯입니다. 둘째, 가정이 있습니다. 셋째, 슬하에 자녀가 있습니다. 넷째, 여기다가 신학교 3학년, 어느 정도 수업도 받았습니다. 다섯째, 또한 여기 오기 전 또 다른 여러 교회를 전전하며 그동안 개척에 필요한 실무 경험도 쌓았습니다. 만족스럽지는 못하지만 이 정도 여건을 갖추었다면 개척에 필요한 요건은 고루고루 다 갖추었다고 보았습니다.

더 있는다고 나아질 것도 없고 시간을 끌면 끌수록 개척은 늦어지고 더딜 수밖에 없다는 것입니다. 더 이상 미룰 이유가 없다고 본 것입니다. 사실상 지금이 개척교회를 세울 만한 적기라고 본 것입니다. 또한 하나님이 이를 위해 전도사님을 그곳에서 나오게 하셨는지도 모를 일입니다. 설명을 드리자 망설이던 전도사님은 용기를 내셨습니다. 우리들도 미력하나마 도와드리겠다고 약속했습니다.

그러나 앞으로 나갈 길이 막막했습니다. 장소는 어디에 정하며 자금은 어떻게 마련하는가도 고민이었습니다. 우리는 무작정 기도하기로 했습니다. 그렇게 해서 정해진 곳이 '고북저수지' 근처 작은 마을이었습니다. 사랑방 한 채를 얻어서 시작하면 가장 적은 비용으로 꾸려갈 수 있기 때문입니다. 거기는 풍경이 아름답고 낭만이 있는 곳입니다. 정직한 농부들이 농사지은 곡식이며 쌀 과일이나 채소를 조금씩 들고 와 "목사님 잡수세요."하면 거짓 없고 정겨울 수 있습니다.

그러나 개척은 환상도 꿈도 아닌 것입니다. 건성일 수 없습니다. 목회의 근본취지와 목적은 영혼구원에 있는 것입니다. 예수께서 베드로에게 가서 '깊은 데로 가서 그물을 던지라.'고 하신 말씀은 물이 깊으면 고기도 많다는 법, 죽어가는 영혼은 조치원이 시골에 비할 바가 아니었습니다. 피하지 말고 당당히 일어서야 된다고 강조했습니다. 그리고 정착할 장소 물색에 나섰습니다. 처음부터 쉬울 리는 없었습니다. 적당하다 싶어 세를 얻으려면 웬일인지 결정적인 순간에 계약이 깨지고 파괴되어 어지간히도 애를 태웠습니다. 지금 천명이다 2천명이다 하는 대형교회들도 처음은 다 그런 어려움이 있었을는지도 모르는 일입니다.

저는 그때까지만 해도 새벽예배를 모르고 살았습니다. 사업을 하다 보니 핑계처럼 시간 때가 잘 안 맞아 저는 그저 언제나 일어나는 대로 교회를 다녀오곤 할 때였습니다.

이날도 여섯시가 훨씬 넘어서 일어나 아침기도를 마치고 들어가는 길에 어떤 골목을 지나는데 한 건물 2층 유리창에 임대현수막이 내걸린 걸 보게 되었습니다. 그곳은 바로 얼마 전까지만 해도 이곳에 정착하여 예배를 드리던 조치원 중흥교회 그 자리였습니다. 그곳은 5일장마다 닭과 오리, 토끼며 개까지 파는 시장 골목이었습니다. 후진 곳이라서 여기저기 대나무에 빨간 깃발도 꽂혀있는 우상의 골짜기라 교회도 없었습니다.

순간 저기다 싶었습니다. 가서보니 사무실 문은 잠겨 있었지만 작은 문틈으로 보이는 안은 딱 보기에도 제 심장을 뛰게 했습니다. 교회는 분명 아닌데 교회 생활에 필요한 물품들이 들어있었습니다. 알고 보니 의료기 체험장이라 주방과 식당 사무실 강당과 의자 마이크 엠프 칠판 등 필요한 각종 도구며 기기들이 다 들어있었던 것입니다.

큰 욕심 부리지 않는다면 아쉬운 대로 지금 당장이라도 개척이 충분해 보였습니다.

저는 너무도 신기하여 뛰는 가슴을 진정하며 전도사님을 급히 불러 보여드렸습니다. 그리고 창문에 붙어있는 쪽지를 보고 막 돌아서서 층계를 내려올 때였습니다. 그때가 오전 8시경 점주가 오려면 아직도 세 시간이나 남았는데 비를 피해 서있는 현관 앞에 웬 승용차가 한 대 서더니만 2층을 걸어올라 가는 것이었습니다. 예감이 이상해서 따라갔더니 역시나 그 분이 점주였습니다.

그날따라 일찍 오고 싶었다는 겁니다. 그렇게 해서 우리는 만났습니다. 실내는 크지도 작지도 않고 적당했습니다. 약간씩 손만 보면 될 것 같았습니다. 하나님께서 예비해 놓으셔서 그런지 흥정도 손쉬웠습니다.

우리가 구입하려면 수천만 원이 들어갈 물건 값을 파격적인 헐값에 양도해 주겠다는 것이었습니다.

그렇게 해서 중흥교회는 역사적인 첫발을 내딛고 개척 9년 만에 평리현 위치로 이사를 들게 된 것입니다. 이제 그 전도사님은 정식으로 인수받고 중흥교회 담임목사님이 되셨습니다. 지금은 전국을 돌며 어려운 개척교회들이 나아가야할 방향을 제시해 주고 계십니다. 하나님의 큰 일꾼으로 쓰임 받고 있습니다.

새로운 등산문화

요즈음은 전국 어디서나 등산 열풍이 불고 있습니다. 어딜 가나 등산객이 있고 등산 코스가 마련되어 있습니다. 많은 등산 애호가들이 있듯이 저 역시도 등산을 좋아하는 편입니다. 몸이 약한 체질이라 건강을 위하여 등산을 즐기는 것입니다. 대부분 가까운 산도 있지만 다니다보면 출발지에서 목적지까지는 아무리 안 되어도 거의 두 시간 정도는 소요되는 것 같습니다. 아침 일찍 여섯시쯤 일어나 챙길 것 챙기고 나서 출발하면 대부분 두 시간 내내 조용하게 갑니다. 그 사이 잠이 부족한 사람은 쪽잠을 자기도 하지만 이미 잠에서 깨어나 한참 활동을 한 터라 실로 가만히 잠들어 있는 사람은 없습니다.

함께 동석한 옆 친구와 동료 회원과 도란도란 얘기를 주고받습니다. 임원진에서 어떤 특별한 프로그램을 짜 가지고 오지 않는 이상 장내는 항상 그렇게 짝을 지어 대화를 주고받다보니 언제나 친한 사람은 친하고 그렇지 못한 사람은 겉돌기 마련입니다. 이런 때 어떤 분의 소개로 발을 처음 들여놓게 된 사람은 누구와 말 걸을 사람도 없고 참 하루 종일 즐거워야 할 산책이 초장부터 난처한 입장에 놓이게 되는 것입니다.

그래서 우리는 여행에 3대 요소가 필요한 것입니다. 즉 볼거리, 먹을거리, 즐길 거리가 필요한 것입니다. 이 필요 요소들을 갖추고 다니는 산악회가 없다는데 많이 아쉬움이 있습니다. 대부분이 산악대장이나 안내문을 통해 가볼 만한 곳은 미리 정해져 있어 어디로 갈지 궁금증은 없습니다. 먹을거리도 사전 정해진 대로 각각 지참해 오거나 회비에서 마련해 와 해결되지만 즐길 거리가 없다는 것입니다.

즐길 거리란 무조건 먹고 뛰는 한국적 문화를 말하는 게 아닙니다. 힘들게 산책을 하고 몸을 풀어준다는 이유로 오는 중에 음악을 틀어놓고 위험스럽게 일어나서 자동차가 흔들흔들 밑창이 드러나도록 춤추며 뛰고 놀자는 게 아닙니다. 그건 잘못된 놀이 문화입니다. 그렇게 하지 않더라도 어느 누가 재미있게 한 사람이 나와서 진행을 맡아본다면 안전벨트를 맨 채로 안전하고 편안하게 다 같이 웃고 즐길 수 있기 때문입니다.

따로 사회를 보는 입담 좋은 개그맨이 필요하다는 것입니다. 다 같이 공감할 수 있는 토크쇼를 벌여 웃으면서 배우고 많은 지식도 얻어갈 수 있는 이런 놀이 문화는 암만해도 지루하지 않으면서 흥미가 있다는데 있습니다. 그러면 그 산악회는 오고가는 동안 경찰의 눈치를 볼 것도 없고 다 같이 편안하고 안전한 여행이 될 것입니다. 그러면 회원 걱정 안 해도 항상 만석이 되며 다녀올 것입니다.

실로 요즈음 산악회가 난잡하다보니 정작 회원이 없어서 걱정하는 산악회도 늘어나고 있습니다. 잘 되고 못되는 것은 방법의 차이입니다. 죽어라고 산만 올라갔다오니 재미가 없다는 것입니다. 오고가는 데는 부어라 마셔라 너무 무모한 시간을 낭비하게 되는 것이지요. 짧게는 한 시간 반 길게는 세 시간 잘만 활용하면 스트레스는 물론이요, 정신적 도움을 많이 줄 것입니다.

그건 가능한 일입니다. 그러면 정말 동질감을 느낄 것입니다. 함께 공유하는 시간만큼은 행복할 것입니다. 그리고 인사도 멋지게 소개도 남달리 사람마다 특징이 있고 재주가 있기 때문에 그것을 적극 활용하면 그 사람 면면도 알 수 있고 금방 내 친해지겠지요. 그러면 그 산악회는 남 같지 않을 겁니다. 끼리끼리만 통한다면, 말뿐이지 동료애는 없는 것입니다. 결국 언제가 한계에 부딪칠 수 있습니다. 분위기가 고조되면 굳이 회비 걱정 하지 않아도 자발적으로 알아서 스폰서를 척척, 기부문화도 형성되는 것입니다.

지금은 개방시대입니다. 열지 않으면 안 됩니다. 울타리를 낮추고 보이지 않는 담을 허는 방법도 여기에 있습니다. 빗장을 열어주십시오. 끼가 없는 사람은 없습니다. 아무리 목석같은 사람도 그만의 장기가 있는 법입니다. 이제 우리나라도 서방문화가 도입된 지 100년이 넘었습니다. 힘들게 산행하고 부어라 마셔라 춤추는 버릇은 고쳐야 합니다. 새로운 등산문화를 만들어가야 합니다. 그러면 등산 때문에 일어나는 갖가지 불미스런 소문도 잠재울 수 있고 그 진원지도 차단할 수 있습니다.

가시와 솜털 인생

세상 역사를 거슬러 올라가다보면 결국 창세기에 도달하게 됩니다. '땅이 혼돈하고 공허하며 흑암이 깊음 위에 있고 하나님의 영은 수면 위에 운행하시니라'(창1:2) 그 후 하나님은 그분의 의지대로 이 땅에 해와 달을 지으시고 궁창을 내시며 땅에는 각종 기는 것과 동식물을 내셨다고 합니다.

이때 태어난 각종 씨 맺는 채소와 열매 맺는 식물들 중에 더러는 오랜 역사와 기후 조건 사정으로 멸종된 것도 있지만 대부분의 많은 식물들은 지금까지 살아 생존해 오고 있습니다. 그중에는 더러 비슷한 것도 있지만 감히 무엇도 흉내 낼 수 없는 독보적인 존재도 있고 닮은 것도 많습니다. 그러나 어떤 종이든 자세히 들여다보면 어디가 달라도 다르지 같은 종은 없습니다.

뿌리의 크기 줄기모양 줄기가 같으면 잎이 다르고 무늬와 두께, 모양, 열매, 씨앗, 색과 향, 맛이 다르고 꽃도 가지가지 습성과 태도가 다 다릅니다. 구별이 가능하기 때문에 각종 이름이 붙여졌고 천태만상이라는 말을 하는 것 같습니다.

예를 들어 5월에 꽃이 피는 아카시아꽃나무는 그 덩치에 붙어 있는 가지 사이사이에서 아주 예리한 바늘 같은 가시가 나와 통상 아카시아나무라고 부릅니다. 그러나 학자들의 견해는 다릅니다. 꽃이 피고 가시가 돋아나는 성질로 봐서는 분명 아카시아나무임이 틀림없습니다. 그러나 꽃이 피고나면 후에 맺히는 씨앗이 꼭 콩처럼 생겼다고 하여 학자들은 콩과에 속하는 식물이라고 학명을 붙여 부르고 있습니다. 마치 사람을 가리켜 원숭이과에 속한다는 말과 같습니다.

아카시아나무에 봄이 되어 물이 오르면 처음 순이 나옵니다. 처음 가시가 돋을 때는 순이 연하고 약해서 찔릴 만큼 공포감은 없습니다. 가시를 무시해도 될 만큼 다루기가 쉽기 때문에 풀을 뜯는 소들도 이 순을 즐겨먹습니다. 그러나 해가 지고 달이 뜨고 반복되는 하루가 지나 7~8월 본격적인 여름이 시작되면 상황은 달라지게 되지요. 작열하는 태양빛에 가시는 단단하게 굳어지고 힘이 생겨 가시나무를 다루는 전용 장갑을 손에 끼지 아니하면 상처 입을 확률이 많은 것입니다. 이른 바 자기 방어수단으로 무장한 식물들은 피하거나 가까이하지 않는 게 좋다는 것입니다.

이 점을 감안하여 전에 박정희 대통령은 벌거벗은 이 강산을 푸르게 녹화 산업을 추진할 때 이 아카시아나무만큼 효과적인 게 없다하여 씨를 채취하여 땅에 심도록 정책을 썼던 것입니다. 결과 워낙 번식이 쉽고 빨라 숲은 형성이 되었지만 경제성이 너무 없는 고로 땅은 쓸모없고 버려지게 되었습니다. 이런 나무가 전 세계에 분포되어 있습니다.

특히 중동지방 이스라엘 나라에서 사라나는 가시떨기나무는 가시가 유난히 목이 긴 기린을 닮았다 하여 꽃기린이라고 부릅니다. 우리나라와는 비교할 수 없는 열악한 기후 조건을 가지고 있습니다. 낮에는 덥고 밤에는 춥고 모래바람은 불지요. 웬만한 식물이 버티고 살아갈 수 없는 환경 때문에 이 나무는 위로 자라지 못하고 옆으로 늘어져 땅에 닿아야

만 번식할 수가 있어 곧 뿌리를 내리고 자라 쉽게 군락을 이루므로 경작을 하는 농부들은 이 나무가 자랐다하면 내 팽개쳐 이 나무숲에는 새와 짐승이 깃들어버렸습니다. 그래서 성경은 이런 땅을 버려진 땅 혹은 저주받은 땅이라고 불렀습니다.

유달리 가시가 길고 많고 촘촘하여 섬뜩한 느낌마저 들기도 합니다. 그래서 2000년 전 유대인들은 죄인을 다룰 때 이 나무만큼 좋은 고문기구도 없다하여 으레 죄인을 심문할 때 이 나무를 꺾어다가 둥글게 관을 엮어 머리위에 씌워 고통을 주기 위한 수단으로 활용했던 것입니다.

생각해보십시오. 얼마나 무서울까. 질겁하고 몸서리가 쳐질 것입니다. 사람들은 가혹했습니다. 예수님을 끌어다가 이 관을 씌워놓고 창으로 찌르고 욕하고 침 뱉고 조롱하고, 얼마나 죽음이 애처롭고 처절해보였으면 그 모습을 차마 볼 수 없어 하나님이 다 고개를 돌리고 외면했을까요. 떨어지는 핏방울이 내처럼 흐르고 땅에 진동했다고 했습니다.

그런 일이 있은 후 교회 사람들은 매년 고난주간이 되면 예수님을 기리기 위해 이 나무를 꺾어다가 강대상 꽃꽂이를 했습니다. 우리나라는 그와 유사한 나무가 탱자나무 밖에 없어 그것을 대용품으로 쳐다가 쓰기도 합니다.

가시, 소름끼치는 말입니다. 까다롭게 굴지 맙시다. 성격이 가시를 닮은 것처럼 남의 약점을 찌르거나 상처를 주는 것은 덕이 되지 못하는 것이지요. 남의 눈에 눈물 나게 하면 본인은 피눈물을 흘릴 수도 있습니다. 까다로운 사람은 사람이 붙지 않습니다. 피해가기 마련이지요. "알고 보면 나도 부드러운 여자예요."하고 커피를 선전하던 탤런트 윤석화 씨의 말이 생각납니다.

기도

시련당한 여인처럼
머리를 숙이고
싫지 않은 세상에
눈을 감았습니다.
거지되어 구합니다.
동정하소서.
그저
삼시세끼 먹고살며
아프지만 않는다면
만족할 것을
무릎을 꿇습니다.
베푸시옵소서.

프락의 이발사

제2부

참는 것도 복이다

기술의 가치

본격적으로 컴퓨터가 보급되던 시대만해도 이 땅에는 약 3만 가지 직업이 있다고 했습니다. 지금은 첨단기술이 발전하면서 그로 인한 직업들이 더 많이 생겨나기도 했습니다. 이거다 저거다 각 분야에 많은 사람들이 종사하고 있지만 그래도 사람들 뇌리에는 어쩌니 저쩌니 해도 공무원 밖에 할 게 없다고들 봅니다. 대체적으로 큰 무리가 없는 이상 웬만하면 정년을 유지할 수가 있기 때문에 안정이 보장된다는 것입니다. 잘못 본 건 아닙니다.

그 때문에 사람들은 다른 데는 거들떠보지도 않고 자꾸 그쪽으로만 시선을 돌리다보니 한번 시험을 치렀다하면 수천 수백 대 일의 높은 경쟁률을 뚫어야 합격의 영예를 안지만 붙는 사람은 극소수인 반면 떨어지는 사람이 대다수일 것입니다. 그러면 안 되는 건 안 되는 것입니다. 포기할 땐 빨리 포기해야 하는데 어떤 분은 미련스럽게 재수에 삼수에 끝까지 고집을 부리는 사람도 있습니다. 잘해야 일 년에 한두 차례 시험을 치르는 그때를 위해 무작정 공부에 매달리다보니 세월 가는 줄을 모르는 것 같습니다.

대학재학 중에 군대를 갔다 오고, 복학에 졸업에 시험에 낙방 몇 번의 고배를 마시다보면 나이는 30줄 기다리는 건 결혼입니다. 그러나 취직도 못하고 어지간한 데는 눈에 차지 않고 실업자가 속출할 수밖에 없는 상황입니다. 그러면 본인도 괴롭고 답답하지만 가족들 걱정도 이만저만이 아닙니다. 이렇게 상황이 잘못 돌아가고 있으면 세상을 좀 넓게 바라봤으면 합니다. 둘러보면 우리 주변에 공무원 뺨치는 직업도 많습니다. 저는 얼마 전 아는 분이 법원에 볼일이 있다기에 동행한 적이 있습니다.

누가 법원 주차장에 세워놓은 자동차 열쇠를 분실했는데 사정상 대신 심부름을 왔는데 중요 서류 때문에 오늘 꼭 차문을 열어야만 된다는 것입니다. 2월 중순, 때 아닌 비는 부슬부슬 내리는데 열쇠공을 찾느라 법원 앞 근처를 다 뒤졌습니다. 대게는 도장 파는 집에서 열쇠를 취급했기 때문에 여기도 그럴 것이라 믿고 찾아봤지만 허사였습니다. 법원 뒤에 있는 대형마트 내에 있다길래 부지런히 가봤지만 바람만 맞았습니다.

두 평 남짓한 점포 안의 여직원은 여기서는 팔기만하지 수리나 출장은 나가지 않는다는 것입니다. 맥이 풀렸습니다. 그 분의 말로는 보험사에 연락하면 쉽다지만 함께 온 지인도 자기 차가 아닌 남의 차 심부름이라 보험사도 차주의 주민번호를 모른다하여 더욱더 시간은 가고 난감했습니다. 그래도 잡상인들이 많은 시장통 같은 곳은 있을 수가 있어서 우리는 부들부들 떨면서 유성 열쇠집을 찾았더니 있긴 하지만 있는 집도 출장이 밀려 두 시간 후에나 된다기에 그분에게 부탁하여 다른 집을 소개 받아 많은 시간이 흘러서야 겨우 자동차문을 열 수가 있었습니다. 봉고차로 온 열쇠공은 그날 별것도 아닌 작은 집게 기구로 열쇠구멍을 벌려놓고 뾰족하게 생긴 갈고리 같은 침을 넣어 램프의 불빛에 그 안에 내장되어 있는 암호 같은 비밀번호를 알아내어 적더니 차종과 연대를 컴퓨터에 입력해서 열쇠를 만들어 냈습니다. 보기는 쉬워 보여 물어봤더니 한두 번 말로해서 배울 수 있는 기술이 아니라고 했습니다. 그러면서 불과 10분만에 출장비와 열쇠 값으로 모두 오만 원을 챙겨갔습니다. 그분 역시도 바쁜 사람인데 구구사정해서 모셔온 것입니다.

어떤 장사꾼들은 손님을 끌기 위해 현수막에 전단지를 돌리며 '예예, 굽신굽신' 쩔쩔매는데 도대체 이분은 무슨 배짱으로 큰소리를 땅땅 쳐가며 일을 할까 생각해보니 이분의 하는 일은 단순히 물건을 주고받는 쉬운 일이 아니라, 고도의 기술을 요하는 직업을 가졌기 때문에 그렇게 해도 손님은 많고 다들 고맙다고 여긴다는 것입니다. 저는 그때서야 비로소 깨닫고 이해할 수 있었습니다. 그전까지만 해도 저는 그런 내막도 모른 채 그 분을 헐뜯고 욕했기 때문입니다. 기술이 최고입니다. 그분은 누구도 잘 하려하지 않는 어려운 기술을 터득했기 때문에 큰소리 칠 수 있는 것입니다. 행세가 작업복에 조금 추해보일 뿐이지 경쟁자도 없고 누구에게 꿀릴 일이 없기 때문에 큰소리쳐가며 배짱것 돈을 벌 수 있는 것입니다.

그는 제가 대충 계산해도 그날 적어도 이삼십만 원의 수입을 올린 것으로 추산됩니다. 단순 직업을 가진 사람은 어림도 없는 일입니다. 시키는 대로 열심히 할 일 다 하면서도 언제 잘릴지 모르는 바늘방석 같은 직업은 늘 출근을 해도 불안하지만 그분은 누구 눈치 볼 일도 없는 것입니다. 요즈음 이발소도 그렇습니다. 배우는 사람이 없어 기술만 있으면 사시사철 비가 오나 눈이 오나 아늑한 실내에서 자기가 필요해 제 발로 찾아온 사람 머리만 깎아주어도 격주제로 쉬는데도 한 달 삼사백만 원 아파트 청소부의 월급 세 배 경비원의 두 배에 달합니다. 손님이 항상 기다리니 불황을 모르고 사니 요즈음 같은 세상 부럽죠.

제 조카 하나가 공무원 시험에서 벌써 두 차례나 낙방을 했는데도 지금도 뜻을 접지 못하고 있습니다. 기술을 배우면 장래가 보장될 텐데 말입니다. 자원이라고는 쥐뿔도 없는 이 나라가 이렇게 잘사는 이유도 기술집약적 산업을 육성하여 수출로 먹고 산다는 것을 알면 쉽게 답이 나올 텐데 정말 안타깝습니다.

지하철 인심

어쩜 저렇게 기구한 운명을 타고났을까. 보기만 해도 참 안타깝고 불쌍한 이웃들이 많습니다. 그 중 대다수의 사람들은 다행히도 국가로부터 지급되는 생활보조금으로 살아가는 사람들도 있지만 간혹 가다가 행정착오 상 실수였는지 아무튼 복지의 사각지대에 살고 있는 사람들이 있습니다.

일하고 싶어도 병 때문에 일 할 수 없고 형편상 어쩔 도리가 없어 길거리로 나가 구걸하는 사람들이 있습니다. 오늘 지하철에서 제가 만난 어느 분도 어떻게 하다가 이지경이 되었는지 남루한 옷차림에 왜소한 체구, 그분은 언제 어느 역에서 시작하여 내가 있는 여기까지 왔는지, 그 분은 이 칸을 들어서자마자 중간서부터 말없이 앉아있는 모든 승객에게 절규에 가까운 안타까운 사연을 실은 호소문을 한 장 씩 돌리고 있었습니다.

승객 여러분 가시는 길 대단히 죄송합니다. 저는 이렇게 늙은 나이로 척추증후군과 루프스라는 병과 함께 홀어머니를 모시고 살고 있습니다. 지금 저와 함께 계시는 홀어머니 또한 중풍으로 쓰러져 몸져누워 계시고 생활비와 약값으로 인해 먹고 살기가 막막하여 이렇게 늙고 불편한 몸으로 승객 여러분의 도움을 청하게 되었습니다. 승객 여러분 이렇게 늙고 불편한 몸 외면하지 마시고 지금 저에게는 100원짜리 한 개라도 소중하고 감사하오니 저와 저의 어머니를 위해 조금만 도와주세요. 여러분께서 주신 정성과 사랑 저를 이만큼 키워주신 어머니를 위해 감사히 쓰겠습니다. 고맙습니다. 작은 사랑을 주세요.

작은 인쇄 글씨로 또박또박 쓰여진 내용은 그가 얼마나 처절하게 사는지 그의 일면을 보는 것 같아 정말 가슴이 찡했습니다. 도저히 모른 척 외면할 수 없기에 도와드려야겠다는 생각이 들었습니다. 메모지를 돌리고 돌아오는 동안 호주머니를 뒤져 몇 푼 안 되는 돈이지만 들려주기 위해 준비했다가 같이 동행한 옆 사람, 우리교회 집사님에게도 적선좀 하라고 몇 푼을 건네 드리고 저 역시 엄청난 큰일을 한 것처럼 자비를 베풀었습니다. 그리고는 과연 요즈음 세상 저와 같은 온정의 손길이 몇이나 될까 궁금하여 그분의 동정을 살펴보았습니다.

저는 잘해야 한두 사람이라고 추측했습니다. 그런데 제 손이 부끄러울 정도로 제 앞에 마주앉아 있는 제법 말쑥하게 차려입은 신사 분 한 분은 맘이 좋아 그런지 선뜻 지갑을 열더니만 붉은 돈 5천 원 권 한 장을 냅다 건네주고는 전혀 내색도 하지 않고 다음정거장에서 내렸습니다. 어느 청년은 아무리 부끄러워도 주변은 좀 살펴보라는 듯 너무 빨리 지나쳐버린 그를 몇 걸음이나 쫓아가 천 원 한 장을 들려주었습니다.

이것만이 아니었습니다. 제 옆에 앉아 있는 그럴 듯한 중년 부인 한 사람은 여자로써 남편도 있을 테고 슬하에 한참 자라나는 자녀들도 있을 법 한데 생활하는 여성이 어떻게 그렇게 대담한지 큰 가방 하나를 열더니 핸드백 속 현금뭉치에서 5천원을 세더니만 냉큼 주고는 그 여인

역시도 아무 일도 없었다는 듯 시치미를 뗀 채 그 자리에 앉아 그저 자기 핸드폰만 들여다보고 있었습니다. 정말 다들 고마운 분들입니다. 아마도 제가 이 때 신분이 기자였다면 절대 그냥 지나치지 않고 잠시 그 미담의 주인공들과 인터뷰를 했을는지 모릅니다.

그래서 그 분들의 그 고운 마음을 감동적인 글로 그려냈을는지도 모릅니다. 혹자는 20세기 말 인심은 피폐하고 살기가 어렵다고 푸념을 늘어놓기도 합니다. 그건 착각입니다. 정은 살아있습니다. 특별히 정이 많은 대한민국 우리나라도 이제 서서히 기부문화가 정착되어가고 있다고 봅니다. 이런 선하고 착한 사람들이 존재하기 때문에 소외된 사람들이 희망을 잃지 않고 살아간다고 봅니다. 이제 그분은 비굴하지만 적어도 삶의 의욕만은 잃지 않을 것입니다. 넉넉하지는 못해도 그런 정성어린 손길들로 궁색하기는 해도 생활비와 약값은 될 것입니다. 그는 그의 어머니에게 효자요 의지가 될 것입니다. 어서 속히 암울한 삶을 벗어나 갱생의 길을 걸었으면 좋겠습니다. 정말 추운 겨울 오늘처럼 따끈따끈한 아랫목 같은 날이 날마다 있었으면 좋겠습니다.

꽃이 주는 교훈

식물의 성장기능을 마비시켰던 동장군이 물러가고 날씨가 풀리면 여기저기서 봄꽃들이 피기 시작합니다. 벌 나비가 날아들고 본격적인 개화기가 찾아들면 세상은 온통 아름다운 꽃들로 장식하게 됩니다. 덩달아 사치를 좋아하는 여자들의 차림새도 달라지게 됩니다. 여자와 꽃은 떼려야 뗄 수 없는 신의 조화입니다.

봄의 전령은 개나리라고 하지만 봄의 전령은 여자로부터 온다하여도 과언이 아닐 정도로 때를 따라 민감하게 나타나는 게 여자들의 모습입니다. 너도나도 화려한 치장을 하고 다닙니다. 얼마나 아름다움에 도취되었으면 내두르는 팔이 잘 보이지도 않는데 그 손에 2천 원짜리 손톱깎이 하나면 충분히 다듬을 수 있을 것을 남의 손에 맡기며 손톱을 칠하고 그림까지 그리고 있습니다.

멋지고 근사하게 잘 보이려는 심성은 비단 여자들의 전유물만은 아닌가 봅니다. 성경에 보니까 솔로몬 왕은 당시 가장 화려한 청색 자색 홍색실로 수놓은 아름답고 값비싼 의복을 입었다고 기록하고 있습니다. 어느 나라 수장이건 마찬가지이지만 기지와 색깔에 따라 문양이 새겨진 값비싼 옷을 입고 임금이란 높은 권좌에 앉아있으면 훨씬 더 권위가 있고 우러러 보는 건 부인할 수 없는 사실입니다. 사람이 사람을 볼 때에도 질투가 나는데 하나님은 그 같은 솔로몬의 부귀영화도 하나님이 보시기엔 한낱 들의 백합화만 못하다고 평가하셨습니다. 만물을 다스리라고 하시면서 하나님은 왜 하필이면 인간을 낮추어 들의 백합화에 비교하셨을까요.

세종시 야생화 연구회 회원으로 연구해 봤더니 백합화는 그럴 만한 놀라운 가치가 많았습니다. 백합화는 누가 공들여 가꾸거나 보살펴주지 않아도 봄이 되면 정말 아름다운 꽃을 피게 됩니다. 일백 백자에 꽃화자 백합화는 100가지의 꽃을 다 갖다 합쳐 놓아도 이 꽃 하나만큼 못하다 하여 붙여진 이름입니다. 말하자면 그 많은 꽃들 중에 최고를 자랑한다는 겁니다.

백합은 하나님께서도 극찬하셨듯이 아름다운 아주 깨끗한 새하얀 여섯 개의 꽃잎이 있습니다. 세상을 뜻하는 그 여섯 개의 꽃잎 속에는 일곱 개의 꽃술이 있는데 예수님을 상징하는 가운데 큰 꽃술은 정말 예수님을 상징하는 듯합니다. 다른 여섯 개의 꽃술은 피자마자 금방 흰 꽃잎을 물들여 세상 아무리 깨끗이 살아보려 해도 자칫 잘못하면 한 순간 죄악에 물들 수 있다는 의미를 담고 있지만, 그 중심에 자리 잡은 큰 꽃술은 아무리 흔들어도 물들지 않습니다.

마치 천하만국과 그에 속해 있는 모든 영광을 다 보여주며 내게 절하라고 시험하는 사탄의 유혹에도 절대 넘어지지 않는 예수님의 성격과도 일치하여 우리는 이 비유를 통해 느끼는 바가 적지 않다고 봅니다. 아마도 그래서 성경은 백합을 들어 예수님의 상징물로 매년 부활절 때나 성탄절 때 구비해 쓴다고 봅니다. 건드리면 건드릴수록 향기가 진동하는 백합화. 사람은 공연히 시비만 걸어도 금방 안색이 달라지는 것을 보면 배울 점이 많다고 보여집니다. 그러므로 성경은 백합을 들어 가장 아름다운 상징물로 취급하고 있습니다. 이렇게 흠모하고 추앙한다면 누가 흉내 내지 않고 모방하려 들지 않겠습니까?

여자들은 누구나가 잘났건 못났건 화장을 하고난 후와 전이 달라 보이는 겁니다. 칠한데 또 칠하고 바른데 또 바르고 정성껏 다듬고 가꾸고 나오면 가수 '신중현'이 부른 미인이란 노래가사처럼 한 번 보고 두 번 보고 자꾸만 보고 싶게 되는 건 어쩔 도리가 없는 겁니다. 꽃처럼 아름다운 것, 그것은 여자의 소망입니다. 삼손은 뻔히 알면서도 그 이방여인의 아름다움에 반하여 자기 신세를 망친 사람입니다.

그런가 하면 이스라엘을 건국한 야곱도 그 미모 때문에 넋이 나가 7년 머슴을 공짜로 살고 또다시 7년간 수고를 했습니다. 모두 미인계에 넘어간 사람들입니다만, 그런가하면 에스더는 그 인물 때문에 얼굴 하나로 위기에 처한 자기 민족과 나라를 구하기도 했습니다. 사래는 억지 수청을 들 번하기도 했었습니다. 물론 겉치레는 상당히 중요합니다.

그러나 사람은 외모를 보나 하나님은 중심을 보신다는 말이 있습니다. 백합은 외형을 뜻하는 게 아닙니다. 백합의 꽃말은 순결입니다. 마리아처럼 결혼 전까지 남자를 가까이하지 않는 순결을 지킬 줄 아는 여자가 더 아름답다고 봅니다.

신발과 타이어

자동차 2천만시대.

운전하는 사람이라면 도로가를 달리다가 '앗 타이어 신발보다 싸다'는 문구가 적혀있는 현수막을 보았을 겁니다. 얼마나 값이 싸고 저렴하길래 그 큰 타이어가 작은 신발보다 싸다고 자신 있게 내걸었을까? 타이어도 타이어 나름이요 신발도 신발 나름인데 헷갈릴 때도 있지만 홀릴만한 문구임에는 틀림없습니다.

그것은 그 집만이 유난히 싸게 들어오는 어떤 루트가 있어서 물량이 많은 것처럼 혼동할 수도 있지만 지금은 도처에 그런 간판이 내걸린 것을 볼 수 있습니다. 그렇다면 추측컨대 이는 필시 출고된 제품의 연도가 오래 되었거나 제품에 하자가 있는 게 아닐까도 생각하게 됩니다. 저는 운전경력이 35년입니다. 장롱면허가 아니라서 그동안 한 번도 쉬지 않고 운전대를 잡았으니까 매일같이 손님을 실어 나르는 택시운전기사만큼이나 운전대를 잡았다고 봐야할 것입니다.

단 한 차례의 사고도 없이 차와 살다시피 했으니까 베테랑에 노련하다고 볼 수 있습니다. 따라서 자동차 소리만 들어도 어디가 이상이 있는지 단번에 알아차리고 어디가 잘못 되었나 고장을 수리 할 수 있지만 저는 하찮은 일도 제 손으로 직접 고쳐 본 적은 없습니다. 정비소를 찾아가 부탁하는 것은 차는 목숨이 달려있기 때문에 함부로 다룰 수 없다는 것입니다. 전문가에게 맡겨야 안전하고 서비스도 잘 받을 수가 있고 사고를 미연에 방지할 수 있기 때문입니다. 그러다보니 자동차 타이어도 마모에 따라 교체시기가 되어 타이어 바퀴를 갈아 끼울 때가 되면 으레 정비소를 찾아가게 됩니다. 그러면 타이어만 갈아 끼우는 것이 아니라 타이어 공기압에 휠까지 봐주는 인심 좋은 기사님도 계시기 때문입니다.

타이어 값은 만만치 않습니다. 앞뒤 전체가 아닌 뒤쪽만 갈아 끼워도 보통 30여만원. 그런데 어떻게 해서 어떤 신발과 비교하길래 타이어 신발보다 싸다고 하는지 이해할 수 없었습니다. 그러던 언젠가 매번 2만 원 짜리 구두를 벗어던지게 되었습니다. 메이커를 두둔하는 건 아니지만 신발 만큼은 좋아야 발이 편하고 활동하기 좋다고 하길래 이름 있는 비싼 신발을 한 번 사기로 한 것입니다. 시장에서 산 것은 얼마 못 가 금세 밑창이 떨어지고 굽혔다 폈다하는 발등 부분이 쉽게 헤져서 오래가지 못해서입니다. 더구나 뒷굽이 뽀얗게 펴서 신을 수가 없었습니다.

그래서 큰 맘 먹고 2만 원 짜리 일곱 켤레 값을 주고 돈 좀 써봤습니다. 그랬더니 그 신발을 지금까지 8년 넘게 신고 있지만 아무 탈이 없습니다. 돈 좀 벌은 셈이지요. 비로소 싼 게 싼 게 아니요 비싼 게 비싼 게 아니라 제값을 한다고 생각했습니다. 그 뒤부터 어떤 물건이고 가격보다 품질을 따지게 되었습니다. 자동차 타이어도 엄밀히 따지면 차에 신는 신발입니다. 될 수 있는 한 좋은 것을 써야합니다. 저도 신발보다 싸다하여 마모되지 않은 새 타이어를 갈아 끼워 본적이 있었습니다. 한 달 반 만에 타이어가 터져서 하마터면 큰 사고로 이어질 뻔 했습니다. 다행이 뒷바퀴였는데 알고 보니 출고된 지 2년이 넘은 것이었습니다. 그래도 맘 좋은 가게 주인께서 미안하다며 다시 무료로 다른 타이어로 교체해 주셨죠.

지금 시중에 나도는 신발은 옛날 5,60년대 우리네가 신던 그런 고무신은 없습니다. 1950년대 검정고무신은 신기 좋고 벗기 좋고 가볍고 질기고 검어도 검은 줄 모르고 대단했었습니다. 저는 4살 때 지금의 세종시에 편입되어 도시공사에서 밀어 붙여 없어져버린 금남면 석교리 석교초등학교를 설립하신 우리 외삼촌께서 고무신을 한 켤레 사다주셔서 남의 사랑채에 얻어 사는 주제에 그 신발을 처음 신어본 적이 있습니다.

잘 신으면 1년, 딱 한 가지 흠이라면 겨울만 되면 전혀 보온효과가 없다는 단점도 있지만 여름에는 그 신발을 신은 채 냇가를 건너도 그릇이 귀할 때 그 고무신에 미꾸라지를 잡아다 추어탕도 해먹을 수 있었습니다. 운동화가 있긴 했지만 운동화는 떨어지면 버렸지만 이 고무신은 떨어지면 빨래비누와 바꿔 쓰고 엿을 사먹기도 할 수가 있어 어떤 친구들은 일부러 바위에 앉아서 신발을 문질러 멀쩡한 신발을 구멍 나 못 신는다고 엿을 바꾸어 먹고 부모님을 다시 졸라 새신을 신기도 했습니다.

지금 그 신발은 어쩌다 깊은 산골 오지마을 외딴집에 가야 볼 수 있습니다. 도농간 문화의 차이가 없다보니 옛날 고모가 신던 고무신은 없어졌습니다. 대신 너나 할 것 없이 등산화나 운동화가 대세입니다. 가볍고 편하고 보통 괜찮다하면 15만원 20만원 크기로 보나 값으로 보나 타이어 신발보다 싸다는 말이 흘러나올 정도로 신발값이 장난이 아닙니다. 알고 보면 다 이해가 가는 말이지요.

얼굴과 인격

요즈음 들어서 저는 거울을 자주 들여다봅니다. 매일 같이 보는 얼굴 금방 무슨 변화가 있겠습니까? 어제 본 얼굴이 오늘 본다고 하루아침에 확 달라지지 않는다고 봅니다. 그래도 나이가 들다보니 하루하루 얼굴에 대한 관심을 갖지 않을 수가 없습니다. 성경에 일렀듯이 하나님은 사람의 중심을 보시나 사람은 외모를 보기 때문입니다. 다듬고 가꾸고 하는 것은 사치가 아니라 조물주가 만들어낸 자연의 이치입니다.

저는 솔직히 말씀드려 아미새를 노래한 가수 현철씨의 노래가사처럼 그렇게 아름답게 생기지는 못했습니다. 그렇다고 또한 그의 노래가사처럼 아주 그렇게 밉게 생기지도 않았습니다. 누가 봐도 소탈한 성격에 평범함 남자입니다. 그러므로 유난히 외모에 대한 콤플렉스는 없습니다.

인물을 살펴보면 코는 코대로 얼굴의 중앙 한 복판에 반듯하게 잘 자리잡고 있고 눈은 눈대로 코를 중심으로 양쪽가로 균형 있게 잘 자리 잡고 있고 입도 제대로 잘 자리 잡고 있다고 봅니다. 분명 출생 당시 본 골격은 외형상 그대로 여전하지만 겉으로 드러난 모습은 예전 같지 않습니다. 처지고 늘어지고 그래도 온갖 주름을 제거하거나 바로 펴기 위해 보톡스를 맞는다든지 손을 볼 생각은 추호도 없습니다.

사람이 잘나고 못난 것은 인물도 한몫을 하지만 중요한 것은 그 사람이 가지고 있는 속성 즉 인격에 있다고 보기 때문에 내면이 더 문제라는 것입니다. 굳이 우리가 외형을 따지자면 톱스타나 탤런트를 따라잡을 수는 없습니다. 그들은 수천 수만대의 일로 뽑힌 사람들입니다. 좋다는 조건은 모두 다 완벽할 정도로 갖춘 사람들이라 어디 하나 흠잡을 데가 없습니다. 남자인 내가 봐도 질투가 날 정도로 잘 생겼다고 본다면 줏대 없는 여성들은 아마도 깜빡 죽을지도 모릅니다. 그러나 그들도 알고보면 한 치의 오차도 없는 우리와 똑같은 사람들입니다. 하나의 직업이라 생각하면 홀딱 반할 일은 아닐 겁니다.

그러므로 냉철하고 현명한 사람들은 사람의 외모보다는 그 사람의 됨됨이를 보고 사람을 평가합니다. 얼마나 훌륭한 인격과 인품을 가졌는지 처세를 보지않기 때문에 요즈음 외모지상주의가 시대의 요청처럼 받아들여지니 성형외과만 호황을 누린다는 말을 하게 되는 것입니다. 속빈 강정처럼 허우대만 번지르르 인물로 치다보니 이로 인한 부작용도 만만치 않아 요즈음 쭉쭉빵빵 예쁘지 않는 사람들은 엄청난 스트레스에 대인기피증 우울증에 심지어는 자살충동까지 극단적인 생각을 하기도 합니다. 나는 왜 이렇게 생겼을까 조상 탓에 부모원망을 하는 분도 있답니다.

박지선이나 오나미를 보십시오. 소설 속 실제 주인공인 빨간머리 앤은 한참 예뻐지고 싶은 사춘기 소녀시절에 하필이면 환히 쳐다보이는 얼굴에 주근깨가 일곱 개나 있었지만 그것도 매력이라고 그곳을 찾는 관광객들은 실제인물처럼 얼굴에 일곱 개의 점을 찍고 흉내를 낸다고 합니다. 눈이 멀면 촉각이 예민하게 발달하는 법입니다. 못나면 못난대로 어디엔가 분명 필요한 부분을 찾아보십시오. 박지선과 오나미처럼 즐거운 인생을 살 것입니다.

러시아의 문호 톨스토이는 유명한 작가입니다. 문학을 하는 사람이라면 누구나 그의 대표작 하나쯤은 사서 읽는 것은 상식입니다만 그의 인물에 대해선 까맣게 모를 것입니다. 그는 알려지지 않은 못난이랍니다. 그러나 그는 세계가 인정하고 자랑할 만한 소설가입니다. 우린 오늘도 거울 앞에 비춰진 자기 모습을 바라봤을 것입니다. 내가 나를 볼 수 있다면 우리네 속마음도 한 번쯤 들여다보면 어떨지 권해보고 싶습니다.

달라진 기후 변화

저희 부모님은 소작농이었습니다. 아버지 말씀에 할아버지는 한 고을 전체를 다 차지하다시피 많은 토지를 소유하고 계셨지만 일찍 할머니가 작고하시는 바람에 다시 새장가를 들어 재취로 들어오신 우리 할머니가 전권을 휘어잡으시면서 할머니는 아버지를 홀대하셨고 큰아버지와 달리 할머니는 아버지에게 땅 한 평도 그냥 주시지 않아 아버지는 결혼 초부터 삶에 적지 않은 부담에 많은 애로를 겪으셨다 합니다.

제가 처음으로 기억하기로는 제 나이 세 살 때 제 밑으로 지금의 세종시에 사는 첫째 여동생이 세 들어 사는 앞집 사랑채에서 낳으셨으니 단칸방에서 다섯 식구가 함께 산다는 것은 상상만 해도 그 살림이 얼마나 궁색했는지 짐작이 가는 대목입니다.

그래도 부모님은 자식 된 도리를 다 하시는 분이라 동네 분들이 알아주시고 도와주셔서 남의 논밭을 얻어 농사를 짓는 바람에 밥을 굶지 않고 사셨다고 합니다. 그러면서 억세게 모아 밭을 사고 논도 구입하고 산도 장만하여 쌀보리 농사보다는 누에고치 농사가 수입이 좋다하여 전업을 바꾸시기도 하셨답니다.

그 일은 한참 붐이 일어 날 때라 양잠은 한동안 괜찮았답니다. 그래서 각 농가에 보급도 하시고 동네일에 적극 가담하여 마을 발전도 이룩하셨답니다. 하지만 영원한 것은 없는지 그것도 얼마 못 가 중국에서 밀려드는 수입물량을 감당할 수가 없어 접고 말았습니다.

그때 선생으로 근무하던 아버지 사촌 되시는 원척 당숙께서 양봉을 권유하셔서 벌은 그때 처음 치기 시작하셨답니다. 가사를 돕느라 하는 일이지만 손 안대고 코푸는 사람 없듯 노력 없이 되는 일은 없는지라 양봉도 쉬운 일은 아니었습니다.

위치 선정이 관건이라 될 수 있는 한 양지바른 남쪽을 골라 진출하는데 불편이 없도록 나들목을 터주어 원활한 활동을 돕는 것은 필수였습니다. 단것을 좋아하는 개미가 꼬이지 않도록 밑받침도 충분히 해주어야 하고 꽃들이 만개하는 따뜻한 봄날 활동을 개시 할 때면 다른 벌들도 활동을 재개하기 때문에 이들 필요 없는 다른 말벌들부터 습격을 받지 않도록 지키고 감시하는 것도 게을리 해서는 안 되는 일이었습니다.

만약에 그때 잠시 농사일이 바빠 자리를 뜬 다음 집안을 비운 사이 다른 말벌들이 나타나 일벌들을 해치면 아무리 수효가 많아 집중공격하며 방어 태세를 취해도 일벌들은 대드는 족족 떼죽음을 당할 수밖에 없어 삽시간에 벌 한 통을 잃을 수도 있는 것이라 여간 주의가 필요한 게 아니었습니다.

집안에도 원수가 있듯이 벌통에도 필요 없는 숫벌들이 있습니다. 이들 숫벌들은 여왕별과 교미에 필요한 숫벌 한 마리 외에는 모두가 놀면서 양식만 축내기 때문에 이것도 틈틈이 잡아주어야 했습니다. 그러나 고생 끝에 낙이 온다고 제주도에서 유채꽃이 피기 시작하여 봄기운이 북상하여 우리가 사는 동네에도 개나리와 함께 연달아 이 꽃 저 꽃이 피기 시작하여 만발하면 꿀 한 통은 금세라 기계를 돌려 꿀을 채취하여 꿀통 구멍으로 꿀이 펑펑 쏟아지는 것을 보면 보람도 컸습니다. 그러나 그것도 얼마 못 가 병충해를 예방한다고 각 농가마다 농약을 살포하는 바람에 양봉을 하루아침에 집어치워야 했습니다. 양봉은 농약과 상극이기 때문입니다.

정말 허망했습니다. 양봉도 그렇게 실패를 맛본 후 끝을 접고 말았습니다.

무엇이든 쉬운 게 없습니다. 성공을 하든 실패를 하든 전문적이어야 끝을 본다고 봅니다. 전문가들은 우리처럼 집에서만 양봉을 하는 것이 아니라 꽃을 따라 올라가면서 이동할 수가 있어 수지를 맞을 수가 있기 때문입니다. 그러나 그분들도 최근의 기후변화에 울상이랍니다.

예전에는 춘3월에 꽃이 피기 시작하면 5월 하순을 넘어 강원도까지 가는데 6월 중순까지 봄이 길었죠. 자연 수입도 짭짤했었습니다. 그러나 달라진 기후변화는 예전 같지 않아 12년도와 13년도에는 4월도 오기 전에 기온이 섭씨 30도를 웃도는 무더위가 전국을 동시다발로 일시에 꽃이 개화되는 바람에 잠시 잠깐 반짝하다 말았다고 합니다.

6월에는 이상기온으로 장마철 비가 한참 쏟아질 때, 때 아닌 우박과 눈발이 날리기도 하였답니다.

그때는 하지가 지나고 20여일 7월 12일 달력은 이제 초여름인데도 창문 넘어 숲속에서는 그날 새벽 귀뚜라미가 울었습니다. 그네들도 계절을 잊은 듯 싶습니다.

충청도에도 동백이 피고 더운 나라 아프리카 과일이 재배되는 곳 옛날에는 꿈도 꾸지 못했는데 기후 변화는 또 다른 삶에도 변화를 추구하고 있다고 봅니다. 봄은 봄이어야 하는데 곧바로 여름으로 바톤을 넘기는 걸 보면 달라진 기후변화를 실감할 수 있을 것 같습니다.

묵혀지는 전답들

저는 애당초 소작농의 아들로 태어난 사람입니다. 어려서부터 굶주려 왔기 때문에 우리 집 사정이 얼마나 궁핍했었는지 잘 알고 있습니다. 그래서 60년이 지난 지금도 당시의 생활을 묻는다면 그 당시 형편이 얼마나 가난했었는지 어렵지 않게 말할 수 있습니다.

1950년도 당시 우리 집은 그 비좁은 시골 농촌에서도 남의 집 작은 사랑채에 세 들어 살았었습니다. 우리 집 땅이라고는 전답 하나가 없어서 남의 전답을 부쳐 먹었습니다. 대부분이 그랬습니다. 그러다 가까스로 산을 하나 구입하게 되었습니다.

부모님은 제가 초등학교를 들어가기 전부터 그 산을 개간하여 농사를 짓고 계셨습니다. 그것이 지금은 아무런 쓸모없는 묵혀진 땅이 되어버렸습니다. 그간의 일을 생각하면 너무나 안타까운 일입니다. 얼핏 보아도 30도의 가파른 경사면 같은데 부모님은 매일같이 그 산비탈에 나가 나무를 베고 돌을 캐내고 한 삽 한 삽 땅을 일구어 곡식이 되는 밀보리 농사를 지으시고 여름이면 또 그 자리에 콩이며 수수와 고구마를 심어 땅을 놀리는 적이 없었습니다.

그러자니 바람도 쉬어간다고 하여 '바람쉼'이라 불리는 그 험준한 산에서 우리 집 사람들은 매일 같이 살다시피 했습니다. 우리 신동리에서 매포역을 가는 산 너머에 자리 잡고 있어 행정구역상 주소지는 금탄리로 되어 있어 꽤나 먼 거리지요.

아침나절엔 햇살이 잘 들어 따뜻해서 좋지만 오후만 되면 금방 그늘이 들기 시작하여 일조량이 부족하다보니 곡식이 야무지게 열지 않는 단점이 있었습니다. 그래도 그 어려운 시대에 입에 풀칠할 수 있다는 것만으로도 다행이라 우리 집은 고구마나 죽으로 연명하면서도 다들 열심히 일을 했습니다.

봄이면 겨우내 굳은 땅을 갈아엎고 부드러운 땅을 만들어 씨를 뿌리기 위해 아버지는 쟁기질을 하셨습니다. 그러면 비탈진 곳이라 소가 가다 서다를 반복하여 애를 많이 먹었습니다. 앞에서 끌고 뒤따르는 사람은 튀어나온 자갈을 삼태기에 담아 버리곤 했습니다.

우린 어린 학생이지만 지금의 가난한 아프리카 청소년들처럼 그렇게 부모님들을 돕지 않을 수가 없습니다. 고랑과 두둑을 만들고 흙을 고른 다음 씨를 뿌리고 곧 김매고 가꾸고 힘들었습니다. 게다가 병충해도 많았고 억수같이 쏟아지는 비는 애써 가꾸어 놓은 땅심 좋은 흙을 송두리채 휩쓸고 나가 자갈만 남아 뿌리가 드러난 곡식들은 쓰러지고 넘어지고 자빠지고 개판인데다가 일부는 들쥐들의 먹잇감으로 이래저래 많은 손해도 감수해야만 했습니다.

비료가 귀하던 때라 순수 퇴비로만 밑거름을 주다보니 지렁이 굼벵이에 이것을 노리는 두더지까지 가세하여 땅을 들쑤시고 다니는 바람에 곡식이 공중에 떠서 타격도 컸습니다. 이때 바로 발견하고 공간이 생기지 않도록 지표면을 밟아주지 않으면 곡식은 곧 시들시들 말라죽게 되어 두더지는 여간 성가신 동물이 아니었습니다. 그래서 저희 아버지는 그 두더지를 잡겠다고 매일 새벽같이 일찍 일어나 항상 삽을 들고 들에 나가 그 밭을 다녀오시곤 했습니다. 그러나 두더지는 땅을 파느라 굼뜨고 느린 것 같아도 얼마나 약삭빠른지 어느새 사람이 다가가면 먼저 그 진동을 감지하고 재빨리 몸을 숨기기 때문에 아버지는 열 번 중 여덟 번은 거의 실패하시고 겨우 두세 차례 성공을 거두어 드디어 잡았다고 무척 즐거워하셨습니다. 그러면서도 내 땅이라는 자부심 때문에 또다시 다른 한쪽을 골라 밭을 개간하셨습니다.

그렇게 억척스럽게 일구어낸 땅이 조금씩 늘어나자 아버지는 70년대 와서 그곳에 뽕나무를 심어 양잠을 시작하셨습니다. 누에고치 농사는 참 잘한 선택이었습니다. 번창일로에 서서 밀보리 농사보다는 소득이 훨씬 더 많았습니다. 그러면서 형편이 풀리기 시작하여 논도 사고 밭고 사고 가난을 극복하게 되었습니다.

그러나 그것도 얼마 못가 개방의 물결을 타고 중국에서 봇물처럼 쏟아져 들어오는 물량에 가격이 급락하여 오래가지 못해 잠실하나만 남겨둔 채 부농의 꿈을 접어야 했습니다. 지금 그 땅은 묵혀 있습니다. 농사 지을 사람도 없고 타산이 맞지 않아 산은 멀고 골은 깊고 어쩔 수 없이 방치해 둘 수밖에 없는 것입니다.

지난날을 생각하면 예서 잔뼈가 굵었으니 예서 죽겠다 했는데 사는 건 다른데 살아도 묻히기는 여기다 묻혀야 할 것 같습니다. 7,8개 마을 사람들이 열차를 타기 위해 밤낮없이 다니던 길이 지금은 잡초만 우거진 채 산인지 길인지 구분할 수가 없을 만큼 인적도 끊겨 이제 땅은 회생 불가능 상태가 되어버렸습니다.

그래서 아버지는 돌아가신 할머니 할아버지를 이곳에 모셨고 큰아버지와 사촌형도 안장했습니다. 4년 전에는 교통사고로 갑자기 세상을 떠난 제 둘째동생을 묻기도 했습니다. 이제 산소 외에 다른 용도는 없습니다. 그 때문에 우리도 어쩌다 일 년에 두세 차례 명절 때나 되어야 찾아가게 되었습니다. 그나마도 2015년 내년에 우리 신동리에 과학벨트가 들어와 동네가 떠나면 사람구경은 더욱 어려워지고 이 땅은 지금보다도 더 쓸모없는 땅으로 전락해 버릴 것입니다. 그래도 없이 살아도 화전밭을 일구어 먹던 때가 사람 사는 것 같습니다.

신 장례문화

요즈음 우리 사회가 너무 많이 변하고 있습니다. 피리를 불어도 춤추지 않고 애곡하여도 슬퍼하지 않는다는 성경말씀처럼 상가집 분위기가 예전 같지 않습니다. 장례예식장이 생겨나면서부터 집에서 상을 치르던 일이 거의 다 없어져 버렸습니다. 지금은 누구든 간에 운명을 달리했다하면 무조건 장례예식장으로 고인을 모시게 되어있습니다.

번거롭게 집에서 일을 치르느니 편리하게 시설 좋은 장례식장을 선호하는 까닭입니다. 장례식장은 그만큼 호감이 갈 정도로 시설이 좋기 때문에 이용하려고 하는 것입니다. 시신은 부패하지 않도록 안치실이 따로 마련되어 보관하고 있지요. 상주는 추우나 더우나 날씨와 계절에 관계없이 냉난방이 잘되는 빈소에서 조문객만 잘 받으면 나머지는 장례식장 측에서 모든 절차를 꼼꼼하게 알아서 척척 다 해주기 때문에 걱정할 필요가 없는 것입니다. 상주들은 또 피곤치 않도록 통상 3일간 중간중간 쉴 수 있도록 작은 골방도 마련하여 잠깐씩 교대로 돌아가며 눈도 붙일 수가 있어 장례식장을 찾지 않을 수가 없게 되어 있습니다.

출상할 때까지 내내 음식을 먹는 듯 마는 듯 슬퍼하며 뜬눈으로 밤을 새우던 옛날 풍습과는 판이하게 다른 모습입니다. 참 많이 달라졌습니다. 조문객들도 따로 마련된 휴게실에 안락한 의자에 앉아 TV를 시청하고 바로 빈소 옆 한쪽에서는 방금 문상을 마친 사람들이 술잔을 돌리고 화투장에 고성방가를 하며 공공연한 도박도 서슴치 않습니다. 어떻게 보면 거의 잔칫집 분위기라고 착각할 정도입니다. 상주 보기가 민망스럽지요. 지금 상주는 생애처음으로 인간의 가장 큰 비극을 맞이하고 있는 중입니다. 그런데 그 슬픈 현장에서 어찌 그렇게 아무렇지도 않은 듯 태연하게 부조 돈 몇 푼 내고 희희낙락하며 웃고 떠들고 오락처럼 즐길 수 있는지 정서가 너무 메말랐다고 안타까운 것입니다.

우리 영혼은 예수 믿고, 천당 간다고 찬송도 부르지만 육체는 땅에 묻어 매장하는 것입니다. 그런데 어떻게 그렇게도 아무렇지도 않은 듯 평소처럼 상주를 대하며 인사를 하는지 이해가 잘 가지 않는 부분입니다. 알건 알아야 합니다. 죽음 외 더 이상의 슬픔은 어디에도 없습니다. 그동안 먹고 입고 자란 모든 것을 분토처럼 버린 것입니다. 이 세상에 태어나서 생긴 것이라면 먼지 하나라도 가져갈 수 없어 그동안 몸에 붙어 자란 손톱과 발톱도 떼어내고 배안의 똥까지도 다 내놓아야 합니다. 그래서 장례사는 시신을 말끔하게 세척하고 코도 입도 귀도 막아 버리는 것입니다. 그래서 장례사는 그러기 전 고인의 마지막 모습이라고 유족들을 불러모아 놓고 시신을 보여주는 것입니다. 그래야만 입관절차를 밟을 수가 있는 것입니다. 겨우 자기몸 하나 들어갈 만한 관속에 시신을 넣고 뚜껑을 덮고 못질을 하면 입관은 그만입니다. 바로 저승 갈 채비를 하는 것입니다.

이것은 영원한 이별입니다. 그래서 그 때 또 한 번 울고불고 대성통곡을 하게 되는 것이지요. 그러나 아무리 유족들이 붙들고 매달려도 죽음은 아주 냉정한 것입니다. 해 떨어지기 전에 가야한다고 서두릅니다. 멈칫멈칫 가기가 싫어서 갈까말까 망설이지만 저승사자는 시간이 없다고 요량을 치며 발길을 재촉하는 것입니다. 그렇게 해서 당도한 곳이 겨우 땅 한 평 남짓한 무덤입니다. 그게 망인의 전부입니다. 그는 거기서 잠들어야 합니다.

그러면 사람들은 그제야 그가 본래 태어났던 모태로 돌아갔다고 안심시키며 어머니 사타구니 형상의 묘지를 만들어 봉인하고 평안히 잠들라 하는 것입니다. 실은 성경대로 사람이 흙에서 왔으니 흙으로 돌아가는 것입니다. 그는 설령 살아생전 떵떵거렸다 할지라도 이제는 조용히 썩어가는 시체일 뿐입니다. 이것이 그의 일대기입니다. 참으로 만물의 영장이라는 사람이 한 순간 잘못되어 한줌의 흙이 된다니 정말 어이없는 일이지요.

어떻게 보면 강한 것 같으나 가장 나약한 존재일 수도 있습니다. 누구는 개똥밭에 굴러도 이승이 좋다고 하지만 죽음을 좌우할 사람은 어디에도 없는 것입니다. 지금 당장이라도 죽음을 거부할 수 있겠습니까? 죽음은 가장 무서운 존재입니다. 그래서 충격을 받은 사람은 실신해 쓰러지고 의욕을 상실한 채 방황을 하기도 하는 것입니다. 그럼에도 불구하고 예전에는 효를 다하기 위해 보름마다 울어주고 3년상을 치르기도 했는데 요즈음은 3일장에 바로 화장터로 직행하여 납골당에 모시는 시대가 되었습니다. 시대가 변했지만 우리의 전통문화는 매장이었습니다. 1,500도의 뜨거운 불은 지옥입니다. 끔찍한 화장문화는 우리의 전통이 아닙니다. 달라진 요즈음 장례문화죠.

어느 분의 자존심

저는 떠도는 인생인가 봅니다. 한 곳에 오랫동안 머물러 서서 정착하지 못하고 자주 이사를 다녔기 때문입니다. 결혼 전에도 그랬지만 결혼 후에도 금남면 태평리에서 서면 봉암리로 다시 남면 연기리로 왔다가 또 다시 조치원 읍내로 들어가 살면서 연기군 관내에서만 무려 여덟 번을 옮겨 다니며 살았습니다.

돈을 따라 다니다보니 직업을 자주 바꾸게 되었고 그때마다 이사도 자주 갔지만 자식을 낳다보니 아이들 앞으로의 교육 때문에도 업종을 바꾸게 되며 이사를 할 수 밖에 없었습니다.

한번은 연기리에서 연남초등학교를 들어가는 초입에서 문방구를 운영하게 되었습니다. 애들 상대라 몇 푼 안 되는 아주 작은 돈이지만 식당처럼 술 취급을 하지 않으니 무엇보다도 개글거리는 사람 없고 신경 쓸 일이 없어 정말 좋았습니다.

교회도 옮겼습니다. 서면 봉암에서 남면 연기로 나가기 시작했습니다. 이 교회는 조그마한 언덕 위에 자리 잡고 있어 눈에 잘 띄었습니다. 작고 아담한 교회는 막상 가서보니 교회는 형편없이 낡고 초라했습니다.

교회 안에는 의자도 없었고 마룻바닥에 방석을 깔고 예배를 드렸습니다. 작은 강대상 위에 마이크는 접촉 불량이라 제 기능을 못해 소리가 들렸다 말았다 목사님은 설교 중에도 이따금 마이크를 두들겨 맞추느라 내용을 까먹어 많은 지장을 초래했습니다.

그런 불편을 감수하면서도 쉽사리 마이크 하나를 장만하지 못하는 이유는 대부분 시골 교회들의 재정형편이 그러하듯 넉넉지 못하기 때문에 그런 것 하나도 구하지 못하는 것 같았습니다.

참으로 안타까운 일입니다. 저희들은 공책 한 권 팔아봤자 30원 남는데다 그것도 잠시 오전 장사뿐인데다 학생 수도 적어 우리도 먹고살기 힘들지만 그래도 우리는 큰맘 먹고 그 마이크 하나를 해드리기도 작정하고 처음 금남면 대평리에서 알게 된 전파사 사장님을 불렀습니다.

그 분은 작고 아담한 빨간색 마이크를 가져왔습니다. 얼마나 예쁘고 깜찍한지 제 눈에 쏙 들어왔지만 정작 직접 사용하실 담임목사님은 적색이라고 싫어 하셨습니다. 하는 수 없이 다시 바꿔왔습니다. 이번에는 보편적으로 가장 많이 쓰이는 검은색 마이크를 가져왔는데 목사님은 그것도 흑색이라고 거절하셨습니다.

세 번째는 현재 사용 중인 기다란 은색 마이크였으면 좋겠다는 겁니다. 그건 일제였습니다. 진작 그리하셨으면 이중 삼중으로 왔다갔다하는 불편은 겪지 않을 것을 결국 그날 전파사 사장님은 목사님 비위를 맞추기 위해 또다시 대평리를 다녀오셨습니다.

3만 원짜리 마이크 하나를 팔면서 대평리에서 연기리를 세 번이나 왕복한 셈입니다. 그러니 남는 것도 없을 텐데 그분의 심기가 불편했을 건 뻔한 사실입니다. 저의 체면 때문에 그날 앰프까지 수리해 주고 갔지만 그 사장님은 결국 목사님은 성격 대단하다고 기어이 한 말씀을 하고 가셨습니다.

그 분 말씀이 맞습니다. 그렇게까지 까탈을 피울 일은 아니었습니다. 그것은 목사님의 신분을 보나 교회를 보나 웬만하면 덮어두는 믿음의 덕이 필요할 것인데 큰 폐를 끼친 것입니다. 그분은 실망한 기색이 역력했습니다. 이제 그분의 전도는 쉽지 않을 듯 했습니다. 그분은 저와 같은 모임에 가입한 회원이라 잘 알지만 그분은 아직까지 교회에 나가지 않고 있습니다.

저 또한 그런 일을 목격하고는 쉽사리 전도할 용기가 나지 않았습니다. 마이크는 본질상 색상의 문제가 아니라 성능이라서 새것으로 교체했으면 감사한 일, 수고했다고 차 한 잔이라도 대접해 보내야 할 목사님의 실수로 그분의 전도 길은 막혀버리고 말았습니다.

그 후 저에게도 갈등이 생겼습니다. 과연 내가 이런 교회를 계속해서 다녀야될지 말아야 될지 고민하게 되었습니다. 좋게 보면 빨간색은 예수님의 피를 상징하고 검은색을 죄를 상징하여 설교의 한 부분으로 감동 있게 말씀하실 수도 있는데 그렇게 이해를 하는 데는 제 마음이 영 내키지 않았습니다. 결국 한동안 결석을 했습니다.

그 때 그 교회에는 어떤 능력 있는 한 집사님이 기도회를 운영하고 있었습니다. 그런데 그 원장님이 말씀하시길 어느 날 기도를 해보니 음성이 들리기를 하나님께서 목사님을 향하여 그 상처받은 집사님을 한번 찾아가 보라 하셨답니다.

그런데 목사님은 자존심 때문인지 저에게 오시지 않고 우리집 바로 옆집에 심방을 오셨으면서도 그냥 가시고, 그 시간에 다음에 갖다드려도 될 대평리 교회에서 빌려온 비디오테이프를 돌려주러 가시다가 그만 오토바이 사고를 당하셨다 합니다.

큰 사고는 아니었습니다. 워낙 신체도 좋고 건강하셔서 버틸 줄 아셨는지 대수롭게 생각하지도 않으셔서 그런지 상처는 그다지 깊지 않은데도 잘 낫지 않고 시간이 갈수록 심해져 목사님은 그 눕던 자리에서 일어나지 못하고 결국은 돌아가시고 말았습니다. 몇 달만의 일이었습니다. 저는 그 때 엄청난 충격을 받았습니다. 결코 그 목사님의 죽음이 예사롭게 보이지 않았기 때문입니다. 정말 두렵고 무서웠습니다. 그동안의 과정들이 심상치 않기 때문에 떨 수밖에 없었습니다.

담임 목사님은 그렇게 허무하게 떠나가셨습니다. 참 안타까운 일입니다. 그렇지 않았으면 그냥 주께서 인도하시는 대로 따라만 가셨다면 어땠을까 하는 생각이었습니다. 오늘날 연기는 세종시가 되었습니다. 그때 그 낡고 천한 교회는 다른 곳에서 목사님이 부임해 오시면서 다시 크게 지어서 세종시가 들어오면서 날마다 늘어나는 인구에 교회는 크게 부흥하게 되었습니다. 그 목사님이 지금도 계셨다면 오늘날과 같은 영광을 보셨을 수 있을 텐데 말입니다. 그 뒤 저는 고집이라는 걸 버렸습니다.

책 중의 책

출판물이 자유로운 요즘은 세상에는 하루에도 수많은 책들이 쏟아져 나온다고 합니다. 그 많은 책들이 쏟아져 나오는 만큼 팔리고 또한 읽혀진다면 얼마나 좋겠습니까? 많이 읽는 만큼 인격 또한 높아지기 때문에 사람들은 굳이 양복을 입지 않아도 신사의 나라 영국 사람들 못지않게 좋은 대접을 받고 살 수가 있을 것입니다.

그러나 통계자료에 따르면 안타깝게도 그 많은 책들 중 절반만 팔리고 나머지 절반은 그냥 사장되고 만다는 것입니다. 그나마도 그 팔린 절반정도에서 절반만이 읽혀지고 남은 절반은 있는 사람들의 사치품으로 서재에서 잠만 자고 있다고 합니다. 언제나 매번 읽는 사람만 읽고 읽지 않는 사람은 평생가도 책 한 권 사 읽지 않는 잘못된 문화의 차이는 단지 책이 비싸다는 경제적 이유만은 아닐 것입니다. 문맹 때문도 아닐 것입니다.

국민소득 만불이 넘는 우리나라의 교육열은 세계에서도 으뜸이기 때문입니다. 대학교도 많지만 서로 다 대학을 진학하려고 아우성입니다. 만원 단위의 돈은 언제든 주머니에 손만 넣으면 꺼내 쓸 수 있을 정도로 다들 가지고 다니는 형편입니다. 충분히 사 볼만한 여건은 조성되어 있지만 책보다는 술이 더 잘 팔리고 있는 실정입니다. 책을 사서 읽어보십시오. 책 속에 길이 있다고 했습니다. 처음에는 딱딱하고 골치 아픈 것 같아도 읽다보면 재미에 푹 빠져들고 말 겁니다.

저는 책에서 영감을 얻고 책을 쓰기 시작했습니다. 저는 책 중의 책이라는 성경을 보았습니다. 정말 감동 그 자체였습니다. 어떠했으면 오늘날 역사 이래 가장 많이 읽혀지고 또 읽혀질 책이라고 말하겠습니까?

그 진리는 영원할 것입니다. 이런 책을 한 번쯤 읽어봤으면 얼마다 좋을까. 지혜와 명철이 여기에서 나왔다는데 말입니다.

참는 것도 복이다

세상은 참 말도 많고 탈도 많습니다. 방귀 뀐 놈이 성낸다고 법 없이도 살 사람이 도둑놈의 누명을 쓰기도 합니다. 사람 사는 사회가 결코 그래서는 안 되지만 살다보면 우연찮게 그런 억울한 일을 당하기도 합니다.

저라고 예외는 아닙니다. 어떤 술자리에서 맥주를 먹는데 술 못하는 사람이라 대신 엽차를 따라놓고 마셨더니 그것이 술색과 비슷해 같은 주정뱅이로 오인 받아 부인과 저는 몇날 몇일 큰 싸움을 벌인 적이 있었습니다.

그때는 왜 그렇게 부인이 야속하고 미운지 해명해도 먹혀들지 않으니까 저 또한 성질을 못이겨 막 둘러엎고 굉장했었습니다. 결백을 주장하는 과정에서 너무나 많은 에너지를 소비하여 몸이 만신창이가 되어 앓아누운 적이 있었습니다. 결국 진실을 밝히는 과정에서 성질을 내다보니 싸움은 확대되고 오래갔습니다.

그래서 현명한 사람들은 그럴수록 냉정하고 침착하게 대처해야한다고 조언하나 봅니다. 순간 분을 참지 못해 감정을 드러내다보면 오히려 화만 불러올 뿐 도움이 되지 않기 때문인가 봅니다. 해법을 찾아야 유리하기 때문이지요. 시간과 인내가 필요합니다.

어떤 경우든지 시간이 지나면 감정이 수그러들기 마련입니다. 그럴 때 차근차근 매듭을 푸는 겁니다. 이성을 잃지말고 하나 둘 짚고 넘어가다보면 누구의 잘못인지 깨닫게 되고 본인이 그것을 안다면 자연 고개를 숙이고 잘못을 사과할 줄 알게 되겠지요. 서로의 입장이 바뀌게 되면 그는 기가 죽게 되어 있는 것이지요. 그러면 비로소 나는 참은 보람을 느끼고 한 가지 더 배우게 되는 것이지요. 이것이 인생공부입니다.

성격에 아브라함은 하나의 목초지를 두고 롯이라고 하는 조카와의 양떼로 인해 장차 큰 싸움으로 비화될 처지에 놓이게 되었습니다. 나와 너는 골육지친이니 서로 다투지 말자, 네가 우하면 내가 좌하리라. 서로 부딪치지 않고 피하면 절대 충돌은 일어나지 않는다는 교훈입니다. 이런 방법을 적용하면 누구와 무슨 마찰이 생기겠습니까? 서로 지지 않으려고 한 치의 양보도 않는데서 감정이 격해지고 원수가 되는 것이지요.

저는 비온 뒤에 땅이 굳는다고 아내와의 싸움을 통해 많은 것을 배웠습니다. 그동안 살면서 이와 유사한 사건들도 많았지만 제가 한 발 물러서고 참고 또 참는 겁니다. 그랬더니 우연히 다투게 되었던 친구와의 관계도 2년 후에 서서히 회복되어 지금은 서로 인사를 주고받고 이따금 대화도 나눕니다. 끝까지 참은 결과입니다.

이게 비결입니다. 그러면 내 속도 편했습니다. 이제 남을 이길 생각은 추호도 없습니다. 그저 무조건 웃음으로 때웁니다. 그것은 건강해도 유익을 가져다주었습니다. 평화가 온 것입니다.

사후세계

지금은 한참 무더위가 기승을 부리는 6월 중순입니다. 뜨거운 태양이 작열하는 때입니다. 조금 이른감도 있지만 벌써부터 해수욕장을 개장한 곳도 있다고 합니다. 남보다 한 발 앞서 피서객을 유치하려는 뜻이겠지요. 그렇게 여름휴가를 즐겨봤자 기껏 사오일 또는 일주일밖에 놀지 않는 것 같은데 금새 여름은 지나가고 미구에 처서가 돌아옵니다.

가을이라고 긴 것도 아닙니다. 한 달 남짓 머무는 것 같은데 찬바람에 겨울이 닥쳐오게 됩니다. 유난히도 긴 겨울이라고 마냥 춥기만 한 건 아닙니다. 그 안에도 삼한사온이 존재하여 어느 정도 견딜만하지만 그러기를 몇 차례 반복하다보면 어느새 따뜻한 봄이 올 것입니다.

즉 때가 있다는 것입니다. 무엇이든지 무한한 것도 없고 영원한 것도 없다는 것입니다. 성경도 말씀하시길 세상에는 다 때와 기한이 있다고 했습니다. 그렇습니다. 지금 제 나이 66세입니다. 우리의 연수가 강건하면 80이요, 장수한다하더라도 평균 100년을 넘기지 못합니다. 절반을 넘었으니 앞으론 산 날보다 살 날이 얼마 남지 않은 셈입니다. 인생의 근 반 이상을 눈깜짝할 새 지나친 걸 보면 앞으로도 30년 잠깐일 것입니다. 때가 되어 죽게 되면 저 역시도 선조들의 뒤를 이어 어디엔가 매장이 되겠지요.

마음 같아서는 천년만년 한없이 살고 싶지만 뜻대로 사는 사람은 없습니다. 다 오라면 오고 가라면 가야지 죽음을 거부할 수는 없습니다. 저는 그 죽음이 두려워하는 말이 아닙니다. 어차피 언젠가는 죽을 것이라는 것을 알기 때문에 미리부터 겁을 먹고 두려워하지는 않습니다. 각오는 되어 있지만 죽음 뒤에는 심판이 있다는 것입니다. 성경에 의하면 잘 하고 잘못된 것을 철저히 따져 행한 대로 갚아주는데 잘한 사람에게는 하늘의 상급이 주어지지만 잘못한 사람에게는 그에 상응하는 형벌을 내린다는 것입니다. 그것이 흔히들 말하는 천국과 지옥입니다.

이렇게 말하면 혹자는 네가 죽어봤어? 죽어봤느냐고? 하면서 따지고 덤벼들면 저는 할 말이 없습니다. 성경지식이 부족하기 때문입니다. 저는 실제로 사후세계가 존재하는 지 또한 천당과 지옥은 실제 존재하는지는 겪어본 것은 아닙니다. 그러나 인정도 못하고 부정도 하지는 않습니다. 확신할 수밖에 없는 것은 이스라엘 역사가 담겨있는 성경이 그와 같은 내용을 증명하고 있기 때문에 풍설로 보지 않는 것입니다.

세상은 오직 양극과 양분만이 있을 뿐입니다. 동전의 양면처럼 앞뒤가 있고 위 아래가 있듯이 천국이 있는데 지옥이 없을 리는 없습니다. 그 장면이 부자와 나사로의 이야기입니다. 부자와 나사로는 한동네에 살았습니다. 두 사람의 생활은 극과 극이었습니다. 정 반대되는 삶을 살았습니다. 부자는 살아생전 호의호식하며 남부럽지 않게 살았지만 거지 나사로는 정말 구차하게 살았습니다. 없다보니 못 먹고 못 살았습니다. 평생을 남의 것을 얻어먹는 거지로 살았습니다. 이렇듯 두 사람의 인생관이 다르듯이 두 사람은 죽어서도 한 사람은 천국에, 한 사람은 지옥으로 운명이 뒤바뀌게 되었습니다. 구걸하던 거지는 없이 살았지만 남의 것 하나 손대지 않고 정직하게 살아 천당에 갔습니다. 그러나 살아생전 온갖 영화를 다 누리던 부자는 뜻하지 않게 지옥으로 떨어졌습니다. 그곳은 상상을 초월하는 곳입니다. 말만 들어도 소름끼치는 곳입니다.

뜨거운 쇳물이 녹아내리고 유황불이 절절 끓는 곳 밤낮없이 구더기가 들끓고 무서운 뱀들이 우글거리는 곳 자고 싶어도 잘 수 없고 피하고 싶어도 피할 수도 없습니다. 일 년 열두 달 한시도 그냥 있는 날이 없어 여기저기서 살려달라고 아우성을 치는 곳이 지옥입니다. 부자는 견딜 수 없이 하나님을 부르짖었습니다. 오 아브라함의 하나님이여. 나를 도우소서. 혹시 그곳에서 이곳으로 오는 자가 있으면 그 분의 손끝을 통해 물 한방울을 찍어 나의 혀를 서늘하게 하옵소서. 입술이 바짝바짝 타들어간다는 말입니다.

그러나 그곳은 우리가 세상에서 생각하는 것처럼 아무나 그렇게 쉽게 왕래하는 곳이 아니라는 것입니다. 지옥과 천국은 거리가 얼마나 먼지 이곳과 그곳 사이에는 큰 구렁이 하나 있어 이곳에서 그곳에 가고자 하여도 갈 수가 없고 그곳에서 이곳으로 오고자 하여도 절대 올 수가 없는 곳이라는 것입니다. 한마디로 일말의 여지와 방법도 없다는 것입니다. 완전 철저하게 고립된 곳 구원은 없는 곳입니다. 무슨 쇼생크탈출처럼 머리를 굴려 지하땅굴을 파고 도주할 수도 없는 곳입니다. 얼마나 완벽한지 영화 빠삐용처럼 탈출의 귀재도 감히 꿈도 꿀 수 없는 곳입니다. 감이 와 닿는지요. 상상조차 하기 싫을 것입니다.

우린 지금까지 뭐가 뭔지 무엇이 죄인지도 모르고 그냥 아무렇게나 살았습니다. 아무리 천성이 착하고 순하게 산 사람도 죄는 다 있습니다. 알고도 지은 죄 모르고도 지은 죄가 있습니다. 철저하게 회개하십시오. 용서받지 못하면 구원은 없습니다. 행동 하나하나가 다 조심스러운 것입니다. 그동안은 별것 아닌 것처럼 그저 주어진 대로 장난도 치며 농담처럼 살기도 했습니다. 하나님은 그것을 허용하지 않습니다. 절대 간과하지 마십시오. 이것은 겁주려하는 것이 아닙니다. 살살 회유하는 것도 아닙니다. 성경은 땅에서도 매이면 하늘에서도 매일 것이라고 경고했습니다. 이 땅에 살 때 선하게 사십시오. 죽음은 그것으로 끝나는 것이 아닙니다.

죽었지만 그 영혼을 달래고자 사람들은 그가 본래 태어난 곳으로 갔다하여 어머니 사타구니 형상을 한 묘지를 쓰고 그를 묻으며 돌아갔다라고 말하는 것입니다. 육신은 죽어 그렇게 돌아가지만 영혼은 죽어 하늘나라 본향에 가는 것이 마땅한 것입니다.

옛 추억

필자의 고향은 지금의 대전시 유성구입니다. 92세의 노모와 94세의 노부께서 현재 살고 계신 곳입니다. 한동네에서 이 집 저 집 이사는 몇 번씩 다녔지만 우리 부모님은 나고 자란 고향이 그리워 다른 도시로 떠나지 못하고 줄곧 한 곳에 사셔서 저 역시 예서 태어나 잔뼈가 굵었습니다. 지금은 곧 과학벨트가 들어온다 하여 외지인들이 들어와 딴 동네같이 되어버렸지만 1970년도까지만 해도 우리 동네는 봄이 오면 앞산과 뒷산에 울긋불긋 꽃대궐을 차린 아름다운 동네였습니다. 지금은 걸어서 꿈도 꾸지 못한 저 금남면, 영대리, 달전리, 대박리 심지어는 그 면 황용리 사람들조차 기차를 타려고 우리 동네 앞을 지나는 바람에 그 길목에 자리한 우리 마을 앞은 밤인데도 인적이 끊어질 날이 없을 만큼 오가는 사람이 많았습니다.

정남향을 바라보는 우리 집은 농사철 모내기가 시작될 때면 앞뜰과 뒤뜰에 빨간 앵두와 누런 살구가 주렁주렁 달렸었습니다. 먹을거리가 귀하던 때라 그것들이 우리 어린 동심을 자극했었습니다. 하지만 가난한 우리 집에 그런 과실나무 한 그루가 없었습니다. 있다는 것은 가을 늦게나 맛 볼 수 있는 감나무가 장독대 앞에 한 그루 서 있었습니다. 그래도 아쉽지 않게 주전부리를 할 수 있었던 것은 바로 앞에 사는 복철네 덕분이었습니다. 어찌된 영문인지는 모르나 복철네 집 뒤뜰에는 큼지

막한 살구나무가 세 그루 서 있었습니다.

그 중 한 나무 큰 나뭇가지 하나가 우리 집 울 안 깊숙이까지 뻗쳐 거기서 떨어지는 살구가 적지 않게 많아 꽤나 많이 주워 먹을 수가 있었습니다. 그때는 그게 왜 그렇게 맛있는지 워낙 다른 과일이 귀하던 때라 사탕수수 같은 옥수숫대도 껍질을 벗기고 씹어 먹으면 정말 사탕을 먹는 기분이었습니다. 그래서 서울로 시집간 앞집에 살던 순금이는 한밤중 남의 집에 숨어들어 그 사탕수수를 베어 먹으려다 화장실을 나온 우리 당숙한테 발각되어 되게 혼이 난 적도 있었습니다. 비단 순금이 뿐만이 아니라 들키지 않아서 그렇지 우리 모두는 주인들을 속이고 몰래몰래 그런 짓을 자주 하곤 했습니다.

그 나이에도 내 것이 아니라는 것을 알면서도 주인이 일 나간 틈을 타서 담을 넘어 도둑질을 해 오는 것입니다. 그리곤 살구를 몰래몰래 감춰 놓고 혼자 먹다가 약방 하나 없는 시골에서 배탈이 나 며칠씩 고생한 적도 있었습니다. 지금은 다 그리운 추억이 되고 말았습니다. 복철이는 장에서 옷가지를 팔아 살 만한데 그만 세상을 떠났고, 순금이는 언제 왔다가기는 하는 모양인데 졸업 후 지금까지 한두 번 봤을 뿐 지금은 낯짝이 어떻게 생겼는지, 금선이는 아예 꼴을 보지 못했습니다.

저마다 촌구석에 눌러앉아 있을 수가 없어 객지를 나가더니 뿔뿔이 흩어져 버린 것입니다. 그러는 동안 저도 객지생활을 전전했으니 제대로 있을 사람이 없는 것입니다. 이제 동네는 옛 모습이 많이도 변했습니다. 간간히 쓰러져가는 집을 개조한 집 외에는 그린벨트로 묶여있는 바람에 웬만해서는 고쳐 쓰기도 힘들어 다른 집들은 폐허처럼 낡고 천한 헌집들이 다 되었습니다.

한때는 100여 채가 넘는 큰 동네로 떠들썩했었는데 말입니다. 그때는 누가 죽어 장사를 치르게 되면 한 삼일씩 일손들 놓고 부고를 돌리고 일손을 도왔었는데 지금은 당숙이 돌아가셔도 삐죽 문상만 하면 그만 자기 볼 일을 다 보는 시대라 참 많이도 변했습니다. 우리들의 놀이터처럼 써먹던 동산의 바위와 오솔길도 울창한 산림에 가려 온데 간데 없습니다.

우리 집도 팔남매에 사랑채도 모자라 헛간을 개조해 방으로 쓰려 했는데 지금은 윗방마저 휑하니 비어있어 을씨년스럽기까지 합니다. 이제 한 삽 한 삽 땅을 일구어 밭으로 쓰던 농토는 붙일 사람이 없어 물좋은 탑산 다랑이 논도 묵어 나자빠져 잡초만 무성하게 되었습니다. 신 농공법이 도입되면서부터 수입이 좋은 특수작물을 재배하는 하우스가 늘면서 소득이 적은 벼농사를 노인들이 지을 수 없기 때문에 버려지는 것입니다. 동네 가운데로 흐르던 개천은 복개되어 송사리 한 마리도 구경하기 힘들게 된 것이지요. 있어도 잡을 사람이 없습니다.

한때 한 학급에 수십 명씩하던 대동초등학교도 학생 수가 급감하여 폐교가 되어 동네마다 어린이가 없다보니 옛날 우리 같은 개구쟁이는 다시 볼 수 없게 된 것입니다. 그래도 저희 아버지는 어쩌다 한 번이지만 내 자식들 자식새끼들 데려오면 따준다고 90이 넘는 연세에도 뒤 곁에다 대추나무를 심으셨습니다. 아마도 저처럼 어머니 아버지도 연세는 드셨지만 동심이 그리우신가 봅니다. 정말 나이가 들다보니 남는 것은 추억밖에 없는 것 같습니다.

매력 있는 사람

여자의 키 165, 몸무게 50, 가슴둘레 34, 허리 28, 히프가 30. 이 정도의 몸매를 가졌다면 누구나 참 잘빠진 여자라고 극찬할 것입니다. 게다가 얼굴만 받쳐준다면 금상첨화 더 이상 흠잡을 데 없는 완벽한 미인 중의 미인이라고 바라볼 것입니다.

요즈음 사람들이 가장 선호하는 스타일이라 이런 사람은 무슨 옷을 입어도 척척 잘 어울릴 것입니다. 거리를 휘젓고 다닐 만하지요. 그런데 남자 나이 60대 중년남자가 이런 꼴을 하고 산다면 사람들은 곱지 않은 눈으로 바라볼 것입니다. 속으로 어디가 아픈 환자라고 말할 것입니다.

남자는 속이야 어떻든 간에 일단 외형상 덩치가 있어야 남들이 함부로 깔보지 않기 때문입니다. 법보다는 주먹이 가까운 게 사회 현실이기 때문입니다.

그런데 안타깝게도 저는 그런 범주에 속해 있습니다. 깡마른 체격 너무나 왜소하다보니 보는 사람들은 다 한마디씩 건강을 걱정하고 물어봅니다. 그러나 저는 지금까지 크게 앓아 누워본 적도 없고 몸이 약해 일을 보고 두려워 겁을 먹어본 적 없습니다. 가방끈이 짧아 초등학교 졸업에 학문이 부족해서 위축되어 본 적도 없습니다.

독학도 방법이라 스스로 노력해서 지금까지 누구의 지도를 받은 적도 없지만 꽃꽂이도 잘 해 화원도 경영해 왔습니다. 컴퓨터가 없던 시절 붓글씨를 못 써 애달파 본 적도 없습니다. 말이 딸려 대화에 쳐져본 적도 없고 노래를 못해 꿀려본 적도 없습니다.

겪어보니 체격은 모양새에 불과했습니다. 요는 무엇을 할 수 있느냐 없느냐 능력이 관건이었습니다. 이건 저의 교만이 아닙니다. 왕자병은 더더욱 아닙니다. 있는 그대로 사실을 말할 뿐입니다.

여러분 노래만 잘해도 홀랑 반하는데 이것저것 못하는 것 없이 얼마나 멋있겠습니까. 인물, 그것은 허울입니다. 매력이 첫째라고 봅니다. 그게 그 사람을 평가할 것입니다.

젊음의 문화

지금 전 세계는 빌보드차트 그 위에 올라있는 싸이의 강남스타일로 떠들썩합니다. 얼마나 대단한지 오나가나 말춤에 열광하고 있습니다. 음악을 너무 좋아하고 사랑하는 탓일 겁니다.

그러기 때문에 말로만 듣던 그 가수나 스타들이 나타난다면 그 일대는 환호성에 한바탕 홍역을 치러야만 합니다. 이것이 요즈음 우리가 이해 못하는 젊은이들만이 공유하는 문화와 예술입니다.

연예인이 한 번 떴다하면 인파는 순식간에 구름떼처럼 모여들어 통제가 불가능하기 때문에 주최하는 사람들은 이 점을 감안하여 혼잡을 피해보고자 미리 사전예약제를 실시하여 지정된 장소에서 예배를 실시하기도 합니다.

그런데도 불구하고 사람들은 그날 그 시 단 몇 시간을 관람하기 위해 미리부터 나와서 텐트를 쳐가며 차례를 기다리며 줄을 서기도 합니다. 학생은 공부를 중단하고 직장인은 결근을 하면서가지 야단을 떨기도 합니다. 그까짓 불이익 감수할 수 있습니다. 비가 와도 좋습니다. 눈이 와도 좋습니다. 목적은 다만 그들과 함께 호흡하며 즐길 수만 있다면 만사는 오케이 불만이 없는 것입니다.

그래서 그들은 그 추운 겨울에도 아랑곳하지 않고 컵라면 하나에 끼니를 때우고 얇은 담요자락 하나에 몸을 떨며 새우잠을 자도 개의치 않는 것입니다. 오로지 리듬에 맞춰 저들과 같이 박수치고 노래하고 춤추고 즐길 수만 있다면 그것으로 만족하지 후회는 없는 것입니다.

다만 그것을 바라보자니 부모님은 애간장이 다 타들어가는 것입니다. 눈 안에 가시인 것입니다. 그러므로 어떤 부모는 자식을 영영 버렸다고 실망하며 탄식을 하기도 하는 것입니다. 하라는 공부는 하지 않고 돌아다니면 곱게 보일 리가 없을 것입니다.

우선만 생각하면 속상하겠지요. 그러나 절망하지 마십시오. 21세기 젊은이들은 게임과 오락 노는데만 정신이 팔린 것 같지만 그들의 속은 꽉 차 있습니다. 그들은 절대 바보나 멍청이가 아닙니다. 그저 잠시잠깐 쌓였던 스트레스를 풀었을 뿐이지 직업을 삼지는 않습니다.

그들도 꿈과 희망이 있습니다. 이 좋은 황금기를 놓치고 낭비하는 청소년이 아닙니다. 잠시 쌓인 피로와 몸을 풀고 나면 그들은 또 일상으로 돌아가 본업에 충실할 것입니다. 결국 우리들이 생각하는 걱정과 근심은 기우에 지나지 않을 것입니다. 확신하건데 그들은 객기를 부린 게 아니랍니다. 그냥 내버려 주십시오. 그들은 새로운 문화를 만드는 중입니다.

희망의 길

일일불작 일일불식이란 말이 있습니다. 반복되는 말이지만 하루 일하지 않으면 하루 먹지도 말라는 이 말은 공짜란 있을 수 없다는 논리이기도 합니다.

인간은 무엇을 하든 반드시 노력한 만큼 그에 상응하는 대가가 주어지기 때문에 일을 한만큼 얻을 것이 얻을 수가 있고 가질 것을 가질 수가 있다고 봅니다. 모든 생활 수단의 근원이 되는 돈이 작용하고 있기 때문입니다. 돈은 많은 것을 주장하고 행사를 일으키기도 합니다. 과거 우리의 역사는 돈이 없었습니다. 가난하기 때문에 아무것도 할 수가 없었고 많은 사람들은 굶주림에 시달려 목 놓아 울어야만 했습니다. 그러나 허리띠를 졸라매면서 우리 국민은 부지런히 노력하여 그 어려운 보릿고개도 넘기고 이제는 집도 사고 차도 사고 무엇 하나 부족함 없는 여유도 갖게 되었습니다.

그러나 안타까운 것은 생활이 좀 나아졌다고 생각도 좋아진 것만은 아니라는 것입니다. 마음의 양식은 접어둔 채 생각은 아주 나빠져 단순해져버렸습니다.

이제는 직업도 나름이요. 아무거나 일하지 않고 골라서 하게 되어버렸습니다. 어느 것이 편하고 좋은가, 되도록 굳한 것을 피하는 이른바 3D업종이 발생하기도 했습니다. 직장에선 걸핏하면 데모집회에 덩달아 못주겠다 분규로 휴폐업이 속출했습니다. 결국 우려했던대로 급기야 이 나라 경제는 금이 가기 시작했습니다. 그러나 이제 누굴 탓하고 원망하겠습니까? 그 원인과 결과를 제공한 자도 우리요, 제공 받은 자도 우리인 것을. 그러나 주저앉지 마십시오. 일어나 다시 뛰어보십시오. 아무리 살기가 어렵고 힘들어서 어린이 분유값 6,000원 때문에 도둑질을 한다해도 지금도 매일같이 새로운 발명가와 창업자는 생겨나고 있습니다.

문제는 의욕입니다. 정말 살고 싶은 의욕이 있다면 찾아보십시오.

분명 길은 있습니다.

사랑(애찬가)

사랑하고 싶습니다.
사랑하고 싶습니다.
사랑할 수 있어
사랑하고 싶습니다.
당신이 없어서가 아닙니다.
내가 있어서도 아닙니다.
그냥 따뜻한 가슴 끓는 피
정이 있어 사랑하고 싶습니다.
돌려주지 마세요.
받기만 하세요.
사랑은 주는 것
주고 싶을 뿐입니다.

교회교육과 세상지식

저는 이력서가 매우 간단합니다. 최종학력이 겨우 초등학교가 전부라서 '나는 이렇소.' 하고 어디다가 명함을 내놓을 만한 입장이 되지 못합니다. 왠지 인사만 나누면 주눅이 들고 뒤가 꿀려 당당하게 자신을 밝히지 못하고 마치 죄인처럼 우물우물 은근슬쩍 넘어가는 경향이 많습니다.

안다면 개떡 같은 믿음이지만 그동안 줄곧 거르지 않고 교회를 다녀서 성경에 대한 이야기는 어느 정도 말할 수 있습니다. 서당개 3년이면 풍월을 읊는다고 교회를 오래 다녔다고 교만을 떠는 것은 아닙니다. 그러나 사회 사람들이 지적하듯이 저놈도 빠졌다고는 생각하지 않습니다. 지금도 교회 나가기를 천번 만번 잘했다고 자부하는 사람입니다. 제가 이처럼 성경을 부끄럽게 생각지 아니하고 당당하게 말할 수 있다는 것은 세상 어떤 학문보다도 교회를 통해서 짧은 시간 내에 많이 깨닫고 배웠기 때문입니다. 그래서 필자는 오늘도 성경말씀을 인용하여 진짜 올바른 교육에 관한 방향을 제시하고자 합니다.

성경 사도행전 8장 26절에 보면 빌립이라고 하는 예수님의 한 제자가 등장합니다. 그는 때마침 예루살렘에서 예배를 마치고 돌아가는 길에 에디오피아라는 현지 나라의 큰 국고를 맡은 큰 권세 있는 내시가 이사야서 52장을 읽고 가는 것을 알았습니다. 그는 반가운 마음에 다가가서 그 글 읽는 것을 깨달아 알 수 있느냐고 묻자 그는 부끄럽지도 않은 듯 선뜻 지도하는 자가 없이 어찌 깨달아 알 수 있느냐고 반문했습니다. 그래서 빌립이 다가가 그 내용을 상세하게 가르쳐 주었더니 그제야 알았다는 듯 이렇게 깊은 내용이 숨어있는 줄 몰랐다는 듯이, 그러면 내 어찌 망설이리요. 오 내 주 선생이여. 내가 무슨 거리낌이 있으리요. 내가 지금 당장에 당신으로부터 세례를 받아 구원받음이 마땅하여 세례를 베풀어 달라고 요청했습니다.

나라마다 그 나라 재정을 담당하는 고관대작들이 있습니다. 그들은 시험을 쳐서 올라온 제법 많이 배운 실력 있는 사람들입니다. 그런 권력자에게 가서 당신이 읽는 것을 쉽게 알아보겠느냐고 함부로 물었다가는 혼줄이 날 수도 있습니다. 그만한 직위에 창피하게 모르는 것을 그렇게 말할 용기 있는 사람도 드물 것입니다. 또한 모른다고 선뜻 대답할 사람도 없습니다. 그러나 본문에서 이 에디오피아의 큰 권세 있는 내세는 지금의 재무부장관격인데도 불구하고 모르는 자신의 무지를 감추려 들지 않고 솔직히 모른다고 드러냄으로 빌립의 지도를 받아 그도 그 방면에 도사가 될 수 있었습니다. 혹자는 모르는 것을 모른다고 하는 것이 곧 창피라고 생각할 수도 있습니다.

모르는 것을 모른다고 하는 것이 곧 아는 것이라 했습니다. 이와 같이 세상에도 학문적으로 남부럽지 않게 배운 사람들이 많습니다. 그러나 그분들이 세상에 대해서 아무리 해박한 지식을 가졌다고 해도 에디오피아의 큰 권세 있는 내시처럼 성경은 스스로 깨쳐 알 수 있는 성격이 되지 못합니다. 이건 신의 영역입니다. 목회자와 같은 전문 신학자들이 풀어 설명하지 못하면 이해하기 어려운 부분이 많습니다.

미국에 과학자 존 듀이라고 하는 사람은 적응할 수 없는 것을 적응할 수 있도록 하는 것이 교육이라고 정의했습니다. 많이 배우고도 교회에 적응하지 못한다면 아직도 부족한 부분이 있지 않나 하는 안타까운 생각이 듭니다. 성경은 깨우치는데 뜻을 두고 있습니다. 수학의 공식이나 과학의 원리가 아닙니다. 학문에 이르기를 경사는 많아도 의사는 적다고 선인이 말했습니다. 뜻을 가르쳐 보십시오. 교회처럼 진리를 가르쳐 보십시오. 사랑과 헌신 봉사를 하는 사람은 남의 눈에 거스를 수 없습니다. 이제 저는 180도 변했습니다.

부모님 밥상

옛말에 부모는 죽어 산에 묻고 자식은 죽어 가슴에 묻는다는 말이 있습니다. 그런 이유 때문인지 우리 부모님은 4년 전 생때같은 넷째 자식을 잃고 나서는 그 잘나가시던 마을회관도 안 나가시고 일체 바깥출입을 안 하시고 계십니다. 무엇보다도 가장 기대가 컸던 저마저 혼자되는 바람에 만사 의욕도 잃고 잠을 잘 못 주무십니다. 조금만 궁금하거나 생각나시면 전화만 하실 뿐이지만 전화라고 해서 수다 떠는 여인들 같지 않고 "애야, 에미다. 너 밥 먹었니?" 하는 말씀이 고작이지만 그 이면에는 언제나 십여년 전 부부싸움 끝에 그만 세상을 떠난 제 옆집친구가 생각나서 혹시나 내 아들도 그러면 어쩌나하는 불길한 예감에 근황을 살펴보시려는 속셈이 있는 것입니다.

그럴 때 전화를 받으면 그래도 다행이지만 만약에 전화를 받지 못하면 부모님은 혹시나 애가 잘못되지나 않았나하는 마음에 금방내 제 여동생한테 전화를 걸어 "애야 어찌된 영문인지 네 둘째 오빠가 전화를 받지 않는다. 얼른 알아보라." 하시며 난리가 납니다. 그러면 또 동생은 큰오빠에게 알리게 되고 소동이 벌어지곤 합니다. 그게 자식에 대한 부모님의 사랑일 것입니다. 그런 난리를 겪고 나서 저는 부모님 때문에 아예 전화기를 항상 손에 들고 살게 되었습니다.

다른 건 몰라도 부모님 전화만큼은 잊지 않고 자주 걸어드리는 편입니다. 지금은 자유부인처럼 누가 터치할 사람 없고 구애받지 않으니까 집에도 자주 가는 편입니다. 그때마다 형만한 아우 없다고 형님은 또 벌써 언제 왔다 갔는지 저는 언제나 형님 뒤가 되었습니다. 형님은 아마도 장남이라는 책임감 때문에 그러시는 것 같습니다. 고기를 사도 가장 좋은 영양가 많은 것을 골라 보신 위주로 음식을 해다 드리곤 합니다.

우리 제수씨는 남편 죽고 소홀할 수 있는데도 불구하고 매일매일 안부전화에 음식을 자주 해가지고 오셔서 두 분 입맛 없어 하실까봐 음식은 여럿이 먹어야 맛있다고 부모님과 함께 들고 가십니다. 자칫 잘못되기 쉬운 세상 혼자 살기도 힘들텐데 제수씨는 부모님을 친정식구 대하듯 챙기십니다. 저는 요즈음 그런 젊은 며느리 흔치 않다고 부모님께 제수씨는 우리집 며느리가 아니라 딸이라고 말씀드립니다.

세종시에 사는 바로 제 밑에 여동생도 살만하니까 자주 오지만 둔산에 사는 여동생들도 출가외인인데도 고맙게 틈만 나면 자주 찾아주지요. 서울 사는 제 셋째 철이도 일주일에 전화 한 번에 내려왔다 하면 부모님 옷가지에 용돈 좀 내놓고 인천 남동생만 1년에 한두 차례 내방하지만 속마음은 편치 않은 듯 교인으로서 날마다 부모님의 무사안녕을 빌어 드리고 있습니다. 이런 모습들이 동네사람들 눈에 띄게 되어 두 분 다 노년에 복이 많으시다고 칭찬이 대단하시지만 소문과는 달리 실상은 그렇지 못한데 가슴이 아픕니다.

갈 때마다 집 안 이곳저곳 구석구석을 살펴보면 가장 안타까운 게 시골 살림살이가 아니라 형편없는 부모님 식탁입니다. 90이 넘으신 그 연세에 당신께서 자신의 몸도 건사하기 힘들 텐데 날마다 들에 나가 농사일을 하고 돌아오시니 피곤하여 밥맛도 없으신 데다가 새로 해 드시기가 귀찮아 아침에 먹던 밥상 그대로를 잡수시니 부실하기가 짝이 없는 것입니다.

저는 그때부터 부모님 밥상을 생각해서 집에 가는 날에 며칠씩 두고 해 잡수시라고 마트에 가서 신선한 찬거리들을 한보따리 가득 장만해 가지고 가는 편입니다. 그러면 그 찬거리가 바닥날 때까지 한동안 부모님은 밥 한 그릇 일도 아니십니다. 부모님 늙은 말년에 식욕이 부진하니까 세심하게 배려해드리면 부모님은 얼마나 좋으신지 네가 와서 잘 먹었다 말씀하십니다.

2만원이면 한보따리 충분히 뒤집어쓰는 데 보따리가 크니까 꽤나 많은 돈을 쓴 줄 아시고 어머니가 아버지를 쿡쿡 찌르시면 아버지는 재빨리 눈치를 채시어 땀내가 물씬 풍기는 바지주머니에서 돈을 몇 만원을 주시기도 하십니다. 참 멋진 분들이십니다.

당신들은 못 먹고 못 입으시면서도 그래도 내 자식들 생일날이면 내 배 아파서 난 자식이라고 그 허약한 몸에 어떻게 그 많은 음식을 장만하셨는지 미역국 하나면 충분한데도 상다리가 부러지라 별의별 것이 다 있습니다. 그러나 한 끼 먹고 나면 부모님은 또 찬밥신세를 져야하니까 자식으로서는 그것이 항상 부담이지요.

부모님 뵈올 면목이 없어집니다. 그런데도 부모님은 자식들 고생한다고 일찍 논 팔고, 밭 팔아 골고루 나누어 주시고 정작 당신들은 가지신 게 없으신 채 38kg 그 가냘픈 몸으로 남의 밭을 빌려 여러 가지 채소들을 심으시며 너희들 오면 줄게 있어야지 하시며 안타까워하십니다. 정말 훌륭하신 분들입니다. 시골에 사시지만 어머니는 시골에서 교회를 다니셔서 옛날과는 확연히 다르십니다. 말씀하시는 게 거의 목사님

설교수준이시지요. 아버지는 동네일을 여러 해 보시고 구즉동 노인회장도 맡아보셔서 두 분 다 인격이 남다르시지요.

그러나 아무리 훌륭하셔도 세월 이기는 장사 없다고 해마다 몸은 야위어 가십니다. 세월의 흔적 때문에 아무리 옷을 잘 입어도 시골 노인네지만 아무리 맵시가 없어도 우리 부모님은 어느 톱스타나 장관 못지않게 훌륭하십니다. 건강도 얼마나 좋으신지 어머니 허리 휜 것 말고는 그 연세에 귀 잘 들리고 눈 밝고 총명하시고 어디 나무랄 데 하나 없어 노인들은 거의 다 세상을 뜨셨지만 우리 부모님만 멀쩡하게 생존해 계십니다.

요즈음도 힘자랑이라도 하려는 듯 아버지는 이따금 넷째가 생각나시면 고개 넘어 우리 선산을 다녀오시곤 하십니다. 이제 오늘 제가 왔다 가면 버릇처럼 자식 중 또 누군가가 부모님을 뵙고 갈 것입니다. 그때마다 잔칫집 분위기지만 그러면 뭐하는 건가요. 곧 가야된다고 보따리를 챙기면 부모님은 또 먹다 남은 음식 치우시느라 곤욕을 치르시는데 결국 한 끼 잘 드시고 우리가 가고나면 먹다 남은 음식을 잡수시겠지요. 그러니 부모님 밥상은 항상 부실할 수밖에 없습니다.

현대인의 의상

이 땅에는 약 70억 인구가 살고 있습니다. 인종은 그리 많지 않지만 다양한 부족이 살고 있습니다. 지금도 여전히 문명의 혜택을 누리지 못하는 원시부족은 태초에 아담과 이브처럼 나뭇잎을 엮어 간신히 앞가림만 하고 살아갑니다. 보면 어느 때는 그들이 불쌍해 보이기도 하고 저렇게 하고 어떻게 사나 가엾기도 하지요. 그러나 그것은 그들이 무지해서가 아닙니다. 그들도 문명을 압니다.

이유는 돈 때문입니다. 그날그날 하루하루를 살아가는 그들에게 있어서 의복은 사치일 수가 있는 것입니다. 풍족하게 살 수만 있다면 아프리카 오지마을 '주푸레'에서도 살갗을 보호하는 긴 바지 웃옷을 걸칠 수가 있습니다. 치부를 드러내는 일이 얼마나 부끄러운 일인지 알기 때문에 중요부분을 가리는 걸 보면 반라를 즐겨하는 것은 아닙니다. 그들도 일찍 도시물을 먹은 동료들처럼 씻어도 표 안나는 얼굴이지만 흰 와이셔츠에 넥타이를 매고 양복을 입고 우리와 함께 섞여 사는 것을 원하고 있습니다. 말라리아와 맹독을 가진 뱀, 몸이 아파도 치료받지 못하는 열악한 환경을 벗어나고 싶지만 이제는 얼마 남지 않는 부족이라 하여 국가가 관리하고 있기 때문에 그 전통을 벗어나고 싶어도 벗어나지 못한 채 이어가는 것입니다.

우린 그동안 선진 한국에 산다고 그들을 무시한 경향이 있습니다. 그러나 그들도 사람입니다. 우리가 이처럼 문명을 발전시킨 것처럼 그들도 그런 요구는 항시 가지고 있는 것입니다. 얼마나 좋습니까. 환경이 우리의 옷을 그렇게 만든 것입니다. 수시로 입었다 벗었다 반복할 수가 있고, 더러우면 새것처럼 빨아 다시 입을 수도 있고, 기후나 계절의 변화에 따라 갈아도 입고 멋도 내고 길거나 짧게 고쳐 입을 수도 있고, 유행 따라 갈아입을 수도 있습니다.

이렇게 되기까지 우리나라는 70년대에 많은 농가들이 누에를 쳤습니다. 누에고치에서 나오는 실로 옷감을 짰기 때문입니다. 그러나 그것도 잠시 중국의 드넓은 양쯔강 유역에서 대량생산하여 밀려드는 수입물량에 밀려 호황을 누리던 양잠농가는 도산의 길을 걷게 되었습니다. 게다가 화학제품에 밀려 설자리를 잃고 말았습니다. 그 여파로 뽕나무의 수효는 급감했지만 의복은 도리어 더 많고 다양해졌습니다.

그러나 아직도 뽕나무가 사라지지 않고 건재하며 인기를 끌고 있는 것은 뽕나무가 가지고 있는 특성 때문입니다. 뽕나무는 다른 나무와 달리 신축성이 뛰어나 잘 부러지지 않습니다. 그런 이유 때문에 성경에 나오는 삭개오는 예수님이 지나가신다는 소문을 듣고 사람들에 밀려 예수님을 볼 수 없게 되자 이 질긴 뽕나무 위에 올라가 예수님의 눈에 띄어 구원을 받게 된 것입니다.

다른 나무와는 달리 뽕나무 잎을 먹고 자란 애벌레는 고치를 생산하고 거기에서 실을 뽑아 옷을 만들기도 하고 번데기는 영양 많은 밑반찬과 주전부리로 그만이지요. 뿌리는 달여 먹어 좋고 거기서 나는 버섯은 상황버섯이라 하여 이 세상 버섯 중에 가장 좋은 버섯으로 각광받아 kg당 몇 백 만원을 호가하고 오디는 술이나 엑기스로 아주 작은 양에도 비싸게 팔려나가기도 합니다. 다른 곤충이나 짐승은 죽으면 시세가 없어도 누에는 죽어 미라처럼 굳어버리면 백잠이라 하여 당뇨병 환자들에게 그만입니다. 그래서 이런 효능 때문에 남부지방에서는 뜨는 상품으로 다시 집단재배가 시작되고 있는 것입니다.

이렇게 여러 가지로 좋은 점이 많지만 요즘 젊은이들은 뽕나무 존재 주차도 모르고 삽니다. 오로지 뽕나무에 의존하던 옛날만 생각하면 한 번쯤 관심을 가질만도 한데 의복이 넘쳐나다 보니 몇 번 입고 버리고 값비싼 청바지를 구멍을 내고 그것도 멋이라고 속살을 드러내고 다니고 있습니다. 그전엔 너무 오래 입어 옷이 너덜너덜 헤지고 떨어지면 누더기처럼 꿰매 입고 다녔는데 지금은 멀쩡한 옷을 조각내 각설이처럼 오려붙여 입기도 합니다.

정말 많이 변했습니다. 긴 바지 긴 소매도 옛말이요 지금은 철모르는 어린애처럼 한겨울에도 핫팬츠에 사타구니가 보일 정도인데도 거리를 활보하니 말입니다. 요지경이지요. 의상이 성폭력을 부르는 셈입니다. 그러고도 남자들이 희롱한다고 반색을 하며 고발한다고 그럽니다. 이런 거 한번 생각 좀 해봐야 합니다. 이만큼 발전시킨 데는 여성의 공도 많았지만 이만큼 타락한 배경에는 여성의 몸가짐도 한 몫 했다는 것을 말입니다. 반성할 여지가 많지요. 저는 아직도 허벅지는 물론 장단지도 내놓고 다녀본 적이 없습니다. 짧은 바지가 널널한 데도 말입니다.

부자의 길

이 땅에 꿈이 없는 사람은 없을 겁니다. 누구나 다 잘 살고 싶고 호의호식하기를 바랍니다. 누구나 다 큰소리치며 사는 길 떵떵거리고 사는 길 그 부자가 되는 것 과연 그 길은 어디에 있는가?

알 수만 있다면 나도 한 번 가보고 살 수 있었을 것을 하고 큰 기대를 가져볼 것입니다. 그건 그리 멀리 있지 않습니다. 알고 보면 의외로 내 주변 가까이에 있었다는 것을 알게 됩니다. 그런데 그렇게 쉽게 찾고 발견할 수 있는데 나는 왜 여태껏 몰랐습니다. 그것은 다만 우리가 쉽게 돈을 벌어보고자 하는 허영심을 갖고 있기 때문일 것입니다. 한순간에 일확천금을 꿈꾸기 때문에 눈에 띄지 않는 것입니다.

대박을 꿈꾸는 자 손이 게으른 자는 보이지 않는 것입니다. 하나님은 심지 않는데서 거두시지 않는다고 말씀하셨습니다. 콩 심은데 콩 나고 팥 심은데 팥 나는 법입니다. 이것은 철칙입니다. 그러므로 우리는 일을 빼놓고 말할 수가 없습니다. 일은 순수한 노동입니다. 거짓이 없고 속이지 않습니다. 반드시 대가를 부여해 주는 것입니다. 공것은 버리셔야 합니다.

구약성서 열왕기에 보면 엘리사의 생도 중 아내 되는 한 사람이 어느 날 갑자기 남편을 잃게 되었습니다. 그러자 생활이 궁핍하게 되었습니다. 그동안 가재도구도 내다 팔고 도움이 될 만한 것은 다했습니다. 그러나 생활은 호전되지 않고 점점 더 어려워져 급기야는 많은 빚을 지게 되었습니다. 채주는 와서 두 어린아이를 데려다가 변제가 될 때까지 종살이를 시키겠다고 압박하며 으름장을 놓았습니다.

앞이 보이지 않습니다. 캄캄합니다. 그러자 여인은 궁여지책으로 죽은 남편을 지도하던 선생 엘리사를 찾아가 지금의 자기 사정을 털어놓았던 것입니다. 그때 듣고 있던 선생이 너희 집에 무엇이 있느냐고 질문했습니다. 여인은 기름 한 병 외에는 아무것도 없다고 말했습니다. 그동안 연명하느라 돈이 될 만한 것은 모두 다 처분했습니다. 그 말에 선생은 네 이웃에 그릇을 빌리라. 그리고 그 기름을 담아 팔아다 너와 네 자녀가 생활하라.

이 말씀은 중요한 말씀입니다. 의미가 있고 새겨들어야 하기 때문에 본문 그대로 이해하자면 잘못 오해를 불러 올 수도 있습니다. 시사하는 바가 큰 것입니다. 기름은 예나 지금이나 대단히 중요한 역할을 담당하고 있습니다. 단순히 불을 밝혀주는 역할만 하는 것이 아닙니다. 기름은 산업의 원동력이요 힘입니다. 기름이 그 나라의 경제를 좌우할 수 있습니다. 그런 막강한 힘을 가진 기름이 그토록 가난한 집에 지금까지 남아있을 수 없습니다. 힘들어도 그냥 막연히 어찌 될 테지 하는 기대로 살았습니다. 그러므로 선생님은 집집마다 다니면서 힘써 일을 해주라는 것입니다. 일한대로 품삯을 받을 수 있다는 것입니다.

우리나라 하루 노동임금이 칠만 원입니다. 쌀 한 말은 만오천 원 세 식구가 5일은 먹고 살 수 있습니다. 그러므로 이 여인은 부지런히 일을 계속하면 얼마든지 빚을 청산하고 잘 살 수 있는 것입니다. 가난을 극복할 수 있고 부자도 될 수 있다는 것입니다. 그동안 우리는 노동을 너무 소홀이 취급해왔습니다. 절대 무시하지 마십시오.

저는 몸무게가 50kg에 불과합니다. 남자로써는 아주 허약체질입니다. 그러나 일이 무서워 망설여 본 적이 없습니다. 지금도 놀래 일할래 하고 묻는다면 저는 주저없이 일을 선택할 만큼 일을 좋아합니다. 또 실질적으로 겪어봤습니다. 한 푼도 없던 제가 만족한 결과도 얻었습니다. 저는 그래서 노동은 진짜라고 부르짖습니다. 지금 최선을 다하고 계십니까?

이삭줍기 그림으로 유명한 화가 밀레는 사람이 자기 능력의 21%밖에 쓰지 못한다고 합니다. 하루는 24시간입니다. 그러나 누가 잠 안 자고 꼬박 24시간 노동을 하고 삽니까? 설령 한두 번 풀가동은 가능하지만 계속 할 수는 없습니다. 연장을 무리하게 감행하다가는 오히려 다음날 더 많은 지장을 초래하기 때문에 부작용을 우려해서 하지 않습니다.

능률 향상을 위해서 반드시 휴식과 교대 근무제를 병행하여 실시합니다. 또한 매일같이 주어지는 여덟 시간 노동에도 법에 다라 중간휴식은 의무적으로 제공되고 점심시간 한 시간은 빨리 먹고 충분히 쉴 수 있는 여유도 있어야 합니다. 바르게만 쓰고 산다면 월말에 지급되는 작은 봉급 가지고도 얼마든지 살 수 있습니다.

주 5일제에 노동시간은 줄고 씀씀이는 많아지고 소비지출은 늘어나다보니 가계부가 적자날 수밖에 없는 것입니다. 여기다 저기다 뜬구름을 쫓지 마세요. 오로지 한 길입니다. 내가 택했으면 끝을 봐야 합니다.

에디슨은 발명왕입니다. 그도 말하기를 천재는 99%가 노력이라고 했습니다. 지금 살기가 힘들고 어렵습니까? 성경은 수고하여야 그 소산을 먹으리라고 말했습니다. 하늘만 쳐다보지 마십시오. 너 게으른 자여! 개미에게 가서 그 지혜를 배우라 그들의 삶을 지켜보십시오. 개미는 두렁도 없고 간역자도 없으나 스스로가 겨울에 먹을 양식을 여름에 예비하고 있습니다.

누구는 양복을 입고 다니니까 부럽습니까? 나는 작업복에 노동현장에서 일을 하니까 창피합니까? 생각을 바꾸십시오.

생각을 바꾸는 길만이 큰소리치고 살 수 있는 길입니다.

우리 비록 가난할지라도 마음만은 넉넉한 부자로 살아갑시다.

뜨락의 이발사

바르게 사는 법

슬픈 서곡(매미의 일생)

오로지 눈물로 점철된 이력서, 나는 지지리도 복이 없는 생명인가 봅니다. 나는 애당초 태어날 때부터 부모를 모르고 자라났습니다.

고아처럼 버려져 저 깊고 어두운 땅속에서 7년을 살다 나왔습니다. 그동안 세상은 해가 지고 달이 뜨고 철따라 많은 변화도 있었지만 나는 세월 가는 줄도 모르고 살았습니다.

감방 같은 그곳에는 어느 누가 때를 따라 시를 알려주는 이도 없고 또한 우릴 꺼내주는 이도 없었습니다.

죽지 못해 산 지가 7년… 그해 여름 우리는 우연히도 신의 은총으로 어느 우거진 숲속에서 밝은 광명을 보게 되었습니다. 무척 기뻤습니다. 나는 감격해 울었습니다. 그러자 함께했던 동료들도 울었습니다. 맴맴맴… 맴맴맴….

그러나 세상은 야박했습니다. 보듬기는커녕 어떤 이는 나를 향해 장난삼아 돌을 던지고 몽둥이를 휘두르고 어떤 어린학생 하나는 수업시간에 반영된다며 우리를 잡아 곤충채집을 해갔습니다. 그때 사로잡힌 자들은 즉석에서 등허리에 못이 박히는 생체실험 대상이 되기도 했습니다.

맞아죽고 잡혀죽고 우리는 사람들의 눈길을 피해 몰래몰래 울어야했습니다. 맴맴맴… 맴맴맴….

하지만 비운은 그게 끝이 아니었습니다. 세월이 우리를 밀어내고 있었습니다. 우리들도 인간처럼 앞으로 다가올 아름다운 멋진 가을 풍경도 보고싶고 눈 덮인 설원도 날고 싶은데 죽음의 전주곡처럼 가을은 막무가내였습니다.

아마도 우리 생은 여기까지만 허락된 모양입니다. 곧 죽을 것만 같습니다.

백로가 지나고 보름 추분이 지나고 나면 더 이상 우리는 버틸 수가 없습니다. 참으로 애달픈 삶 왜 우리만 늘 이렇게 당해야 하나요.

해방의 기쁨도 잠시잠깐 그때부터 울기 시작하여 여태까지 우리는 웃어본 적이 없습니다.

엊그제도 울고 어제도 울고 오늘도 웁니다.

사는 것이 너무 슬퍼 이렇게 웁니다. 맴맴맴… 맴맴맴….

사라지는 청량음료

사계절이 뚜렷한 우리나라 기후에는 여름철이 가장 무덥습니다. 7,8월 더위가 절정을 이룰 때는 한낮의 온도가 중동의 사막처럼 35도에 육박할 때가 있어 숨쉬기조차 힘들 때가 있습니다. 함부로 일을 강행하다가는 일사병에 열사병 등 쇼크를 일으킬 수 있기 때문에 한낮에는 모두 다 일손을 놓고 그늘진 곳을 찾아 휴식을 취하는 사람들이 많습니다.

피부가 탄다고 그늘에 앉아 있어도 까맣게 그을리고 피부가 일어나 마치 허물 벗은 파충류처럼 흉물스런 모습으로 변하는 수도 있습니다. 이 점을 감안해서 여름철 피서 때 산과 들을 찾는 사람들은 각별한 주의를 기울이지 아니하면 자칫 해를 입을 수도 있습니다. 그러므로 원칙상 생약을 채취하는 사람들은 더위가 시작되기 전 봄에 그 작업을 하는 것입니다.

이런 단점을 모른 채 일을 하는 아마추어 같은 사람들은 7,8월 잔뜩 독이 오른 옻나무 같은 식물을 다루다가는 피부에 큰 손상을 입을 수도 있습니다. 옻나무 같은 식물들은 사람 몸을 따뜻하게 하는 성분이 있는 걸로 알려져 여름철 보양식을 즐겨하는 분들은 소문만 듣고 무작정 먹고 보는 분들도 있지만 옻나무는 매우 강력한 열을 발산하게 됨으로 옻탐을 하는 사람들은 잘못 먹었다가는 온몸이 가렵고 두드러기처럼 일어나 몸에 물집이 생기고 외출도 못하는 갇히는 꼴이 되고 맙니다.

우선 자게 체질에 맞는지 검사해보는 것이 먼저일 것입니다. 가려움증이 나타나면 전염성이 강해 함께 한 화장실을 사용하며 대소변을 보는 사람은 감염될 확률이 높기 때문에 엉뚱한 사람이 피해를 입어 곤욕을 치를 수도 있습니다. 증세는 항상 약한 부분 즉 살이 연한부분부터 가렵기 시작하여 긁다보면 그 부위에 물집이 생기고 터져 꼴이 말이 아니지요. 바깥출입도 맘대로 못하고 행동에 제약이 따라붙어 이만저만 불편한 게 아닙니다.

그래도 지금은 좋은 약이 많이 나와 병원에 가서 주사 한 대 맞으면 그만이라 큰 문제 될 건 없지만 이런 양약이 개발되기 전에는 오로지 민간요법으로 옻샘이라는 곳에 가서 물로 씻는 방법밖에는 없었습니다.

활동적인 남자들이 땔감 때문에 나무하러 가서 옮아와도 사람이 있건 없건 남자들은 윗옷을 벗고 옻샘물에 씻으면 그만이지만 아낙네가 신랑한테 옮겨 이 지경이 되면 얼마나 난처했는지 모릅니다.

그래도 경제적으로 어려운 그 시기에 돈 한 푼 들이지 않고 치료된다는 것 때문에 옻샘물은 아주 큰 인기가 있었습니다. 이건 전해져 내려오는 옛날 얘기가 아니라 불과 30~40년 전 이야기입니다.

그러므로 성경에 나오는 나아만 장군은 소녀의 가르침대로 요단강물에 몸을 일곱 번 씻었더니 그의 문둥병이 깨끗이 나았다고 하는 말씀을 헛소문이 아니라 진실이라고 믿어 하나님을 믿는 저로서는 그것을 인정하는 간증을 하지 않을 수가 없는 것입니다. 좋은 물 그것은 건강을 위한 약입니다.

약이 되는 물은 먹으면 먹을수록 우리 신체 위장 깊숙이 파고들어 만성적인 위장병도 치료해주고 건강에도 적지 않은 도움을 줍니다. 물은 약이요, 우리에게 필수품입니다. 우리 몸의 70퍼센트가 수분이라면 항상 부족하지 않도록 늘 물을 보충해주어야 정상이랍니다. 그래서 수시로 먹어 하루 2리터의 부족분을 채워주어야만 한답니다.

그런데 그토록 꼭 필요한 물이 지금 죽어가고 있습니다. 아무데서나 물을 먹고 목욕하던 시대는 끝났습니다. 깊은 산중이 아니면 깨끗한 물은 없고 쉽게 구하려면 반드시 돈을 줘야 합니다. 그러다보니 물 값이 올라가고 어딜 가나 공짜가 없습니다.

그 흔하던 물이 중동산 원유처럼 비싸져 지금은 차에 넣는 기름값보다도 더 비싸졌습니다. 어처구니가 없습니다. 하늘에서 선녀가 내려와 목욕할 수 있는 전설 같은 개울물은 찾을 수가 없이 오염되었습니다. 병이 될 만한 물은 자꾸 생겨나는데 약이 될 만한 깨끗하고 맑은 물은 사라져 가고 있습니다. 아프리카에 만연한 질병도 물이 원인이랍니다. 언제 어디서나 땅에서 나는 물이라면 먹을 수 있어야 될 텐데 정말 청량음료는 없는 건가요. 참으로 걱정이 아닐 수 없습니다.

물소비가 가장 많은 여름철 자칫 잘못하면 눈병 날까 봐 물놀이 가기가 겁이 납니다.

자식의 고백

사회적 집단을 이루고 사는 사람치고 부모 없는 사람 없습니다. 고아는 부모를 모를 뿐이지 그 태어날 땐 분명 부모가 있었습니다. 올해 나이 예순여섯 자식치고는 예순아홉 되신 형님 밑에 바로 둘째 차남이지만 제게는 현재 90줄이 훨씬 넘으신 부모님이 생존해 계십니다.

시골에 사시기 때문에 그 연세에도 어쩔 수 없이 농사를 지으시느라 날마다 연일 만지시고 움직이셔서 지금까지 노인들에게 주로 발생하는 치매증상이나 중풍 같은 현상은 전혀 없고 총명하시고 건강하신 편입니다.

그러나 세월 이기는 장사 없다고 나이는 어쩔 수 없는 지 늙은 표시는 역력합니다. 당차던 걸음걸이 행동 하나하나가 예전 같지 않고 많이 느려지셨습니다. 저러시다 어디 불편한데라도 생기면 어쩌나 노환 때문에 늘 걱정이 많습니다. 제가 늙어가다 보니 자꾸만 하루하루가 달라지시는 부모님을 뵐 때마다 안타까운 생각에 부모님에 대한 글을 자주 쓰게 되는 것입니다.

어머니 아버지 그 한마디만 불러도 왜 그렇게 목이 메는지 어느 땐 울컥하고 눈물이 쏟아질 것 같아 말을 잊지 못할 때가 있습니다. 생각하면 불효자라는 죄책감에 죄스러울 분입니다. 그 모진 세월 6.25을 겪으셨으면서도 팔남매를 낙출 없이 키우시고 시집장가 다 보내셨으니 더 이상 무어라고 표현하겠습니까?

계급사회 조직 같으면 지금쯤 원로로써 존경받고 대접받아야 마땅한 데도 부모님은 지금도 지팡이를 잡은 채 농사일을 매달리고 계시니 꼭 이래야만 되나 제 자신 봉양도 못하면서 공연히 애꿎은 세월만 탓할 때가 많습니다. 어머니는 벌써 등골이 휜 지도 20여 년, 저는 그런데도 부모님한테 잘하겠다고 부모님 회갑만 넘으시면 제가 업어드린다고 큰소리 빵빵 쳤었는데 부모님 일손 한 번 돕지 못했으니 새빨간 거짓말쟁이가 된 것입니다.

다 생활이 어려워서가 아닙니다. 떵떵거리고 사는 부자는 없지만 그래도 성의가 있다면 모실만도 한데 당신께서 건강하시다는 이유로 아직은 나서는 자식 없는 것 같습니다. 그래도 어쩌다 가족끼리 모이면 이중에 제가 제일 잘하는 양 서로는 형제들끼리 주절주절 입으로는 풍년입니다.

그럴 때마다 부모님은 자식을 모르시는 건 아닐 텐데 듣고만 계시지 말이 없으십니다. 삶을 통해 그게 다 입에 발린 헛소리요, 진정이 아니라는 걸 아시는 것 같습니다. 오히려 '내가 더 살면 뭐하니 너희들 짐만 되지 날씨 좋을 때 어서 죽어야지. 얼마나 더 사니 너희들만 고생이지.' 그러십니다.

자식들 하는 소리를 듣고 부담될까 봐 한 말씀 하려면 장내는 찬물을 끼얹은 듯이 할 말이 없어집니다. 내 배 아파 내가 낳은 자식들 속을 모를 리가 없는 것입니다. 그러면서도 그런 자식들 무엇이 이쁘다고 어머님은 당신 스스로도 지탱하시지 못 하시면서도 해마다 빤한 틈이 없어 장독대며 마당 앞 텃밭이며 작은 공간 하나 없이 상추며 배추며 채소들을 심어 뜯어주곤 하십니다.

먹을 것이 지천인 세상 돈으로 쳐도 얼마 안 되는데 부모님은 당신 자신은 못 먹고 못 입으시면서도 100세를 바라보시는 노인양반이 70에 접어든 자식도 자식이라고 걱정 하시는 걸 보면 그저 고개만 숙연해질 뿐 할 말이 없습니다.

엊그제도 왔다 가는데 대문 밖까지 나오시면서 시동 걸고 가는 자식 창문에다 운전 조심하라 하셨습니다. 어찌하면 좋을까요. 생각 같아서는 그만 일을 접으시고 편히 계셨으면 하는데 또 남들 얘기를 들어보면 그래도 그렇게 날마다 쉬지 않고 조금이라도 움직이시니까 건강하시다니 그 핑계를 대고 올해도 또 부모님을 그대로 두고 봐야하는지 이러지도 저러지도 못하고 혼란스러울 때도 있습니다.

그러나 아무리 건강하셔도 아무리 노력하셔도 회춘은 없습니다. 66년 전 저를 낳으실 때처럼 예전 그 곱디고운 모습은 어디에도 흔적이 없습니다. 온통 주름뿐이요, 대나무같이 꼿꼿하던 허리는 굽은 지 오래되었습니다. 통통하던 살집도 다 어디로 갔는지 잎새 없는 마른 가지처럼 뼈만 앙상한 채 삶의 전기를 보는 듯합니다. 제발 이대로만 계셔도 좋을 텐데 새해에는 또 얼마나 달라지실까 집에서 전화라도 걸려오면 가슴이 철렁철렁 내려앉습니다. 어머니 아버지 아프지 마세요. 우린 부모님 살아계신 것만으로도 행복합니다. 고향에 간다는 게 그래서 좋습니다. 제발 내가 너무 오래 산다는 말씀만 말아주세요.

엊그제 아버지 이발시켜 드리고 어머니 목욕시켜드리고 며칠 전에는 독감예방주사 맞혀드렸잖아요. 앞으로 더욱 잘 해 드릴게요. 어차피 2015년 우리 동네 신동리에 과학벨트로 인해 보상이 이루어진다면서요. 이사를 가시면 어디로 가시겠습니까. 형님은 다리가 불편하시고 저를 두고 세종시 큰사위한테 얹혀살 수도 없고 혼자 된 제수씨 어렵잖아요. 서울 사는 강철이 형제자매가 다 여기 있는데 너무 멀고요. 오청이는 인천이라 더 힘들고, 그 밑으로 여동생들 사위 눈치 보여 어렵습니다. 천상 저밖에 없습니다. 어머니 아버지 조금만 참고 견디십시오. 왠지 저는 어머니 아버지가 한없이 좋습니다. 한 번 모셔보는 게 소원입니다. 꼭 기다리세요.

처음 갖는 철야기도

교회 교인이라고 말할 정도면 철야기도 안 해보신 분은 없을 것입니다. 저도 교회를 다녀 익히 들어서 잘 알고 있습니다. 그러나 워낙 새벽에 장을 보는 장사에 매달리다보니 습관상 24년을 다니면서도 철야기도회에 단 한 번도 참석한 적이 없습니다.

그러다 그 직업에서 손 뗀 이후 유성에 와서 처음으로 릴레이 철야기도회를 갖게 되었습니다. 남들도 하는 것 나라고 못할 게 무어냐고 달려들었습니다. 처음 도전하는 일이라 익숙하지는 못해도 당황하거나 겁을 내지는 않았습니다. 그것은 기도자 명단에 올라와있는 총 스물두 분의 가정명단 중에 저는 스물두 번째로 밑에 있기 때문에 앞으로도 20일이라는 시간적 여유가 충분하기 때문에 조급해 할 필요가 없었습니다.

그러다가 하루 이틀이 지나 점점 그 날이 다가오자 가슴은 콩당콩당 뛰기 시작했고 이걸 내가 꼭 해야만 천국 가나 하는 회의도 생겨났습니다. 과연 내가 해낼 수 있을까. 만약에 못하면 어쩌지 한 번도 안 해봤기 때문에 버틸 수 있을까 하는 의문마저 들기도 했습니다. 더군다나 교회 안에도 가라지가 있다는데 귀신이라도 나타나면 어쩌나 혼자서는 힘들 것 같았습니다.

그러나 개인별로 정해져 있는 것을 도와줄 사람은 없습니다. 무섭더라도 혼자 이겨내야 합니다. 그런 생각이 들면 들수록 마음은 약해져 불안하고 초조하고 안절부절 좌불안석 하고 있을 때 전화벨이 울렸습니다. 목사님께서 처음 드리는 저의 철야기도회에도 법칙이 있어 그걸 모르는 것 같아 테이블 위에 참고서를 놓았으니 그걸 보고 참고하라는 것이었습니다. 그런 전화를 받고 보니 마음이 조금 가벼워졌습니다. 분명 그것은 도움이 되리라 생각했기 때문입니다.

그러나 추측은 완전 빗나갔습니다. A4용지 한 장 분량에는 무슨 기도 제목이 그렇게 많은지 내 기도 한 번도 못하는 저에게 먼저 감사로 시작하며 교회와 교인 성도 한 사람 한 사람도 빼놓지 않고 일일이 거론하며 기도하는 것과 심지어는 나라와 민족을 위해서도 상세히 적여 있었습니다. 짐은 오히려 무거워졌습니다. 언제 그 기도를 다 마치느냐도 문제지만 새벽 다섯시 새벽 예배 때까지 어떻게 잠 안자고 버티느냐가 더 문제였습니다.

졸음은 쏟아지고 살살 꾀가 났습니다. 엄연히 하나님께서 계시는데도 우선 보는 이가 없다고 시간만 때우기로 한 것입니다. 그래서 한 이삼분 기도하다 성경 보고 또 찬송 한 절 부르고 순서가 뒤죽박죽 엉망이 되어버렸습니다. 그것도 지루해서 시계를 쳐다보면 시계는 분명히 돌아가는데 꼭 고장난 벽시계처럼 시계가 멈춰있는 듯 어지간히 느리게도 갔습니다.

참을성이 부족하여 조금 있다 쳐다보고 또 조금 있다 쳐다봐도 몇 시간이 갔어야 할 시간은 겨우 5분 지나 10분, 한 시간을 가는 며칠이 걸리는 느낌이었습니다. 나중에는 짜증나서 아예 시계를 안보기로 눈을 감아버렸습니다. 얼마나 오랫동안 비지땀을 흘려가며 실랑이를 벌였는지 시계는 열두시를 지나 야심한 새벽 세시를 가리키고, 시계가 가긴 간 것입니다. 두 시간만 참으면 오케이 그 지겨운 기도는 끝나는 것입니다.

마지막 피치를 올리기 위해 정신이 들라고 주방에 가서 물도 마셨습니다. 운동시간도 아닌데 발을 굽혔다 폈다 반복했습니다. 나오지 않는 대변도 본다고 화장실도 다녀왔습니다. 온갖 방정을 다 떤 것입니다. 정말 힘들더군요. 그런데 어떻게 그렇게 남들은 아무렇지도 않은 듯 삼일 금식기도를 밥먹듯이 하면 40일 금식기도를 서슴지 않고 하는지 제가 겪어보니 참 대단한 분들이라는 생각이 들었습니다.

워낙 지쳐있는 상태라 비몽사몽간에 잠깐 잠이 들었었는지 누군가가 절 부르는 소리가 들리는 느낌이 들었습니다. 생각해보니 주님의 음성 같았습니다. 머리에는 가시면류관을 쓰시고 십자가 형틀에서 허리에 창을 찔린 채 제게 묻고 있는 것 같았습니다. '얘야, 그게 그렇게 힘 드느냐?' 순간 저는 정신이 번쩍 들었습니다. 그렇습니다. 주님은 우릴 위해 피까지 흘리시고 돌아가셨는데 나는 아직 땀 한 방울을 흘리지 않은 것입니다.

그러시면서 '네가 나의 십자가를 질 수 있느냐?' 연이어 물으시는 것 같았습니다. 저는 말문이 막혔습니다. 그런 생각이 들자 저는 그제야 바른 자세로 무릎을 꿇고 엎드렸습니다. '주님 용서하소서. 저는 할 수 없습니다. 도저히 못할 것 같습니다.' 정신을 차리고 보니 그건 환상도 꿈이 아니었습니다. 제정신이 든 것입니다. 이것이 주님 가신 길인 것입니다.

그리고 나서 저는 주어진 휴식시간도 반납했습니다. 밤참이라고 야식으로 준비해 놓은 라면도 너무 과분하다 싶어 먹지 않았습니다. 그러다보니 4시 30분이 되어 어김없이 매일같이 기도하시는 우리 교회 홍순모 권사님이 들어오셨습니다. 그분은 84세로 연로하신 여자 권사님이시지만 지푸라기라도 잡고 싶은 심정에 그 권사님이 들어오시고 나니 아무리 권사님이 힘이 없는 늙은이라고는 하지만 왜 그렇게 의지가 되는지 금방 생기가 돌고 목소리가 카랑카랑해졌습니다.

저는 금번 철야기도를 통해 그동안 알지 못한 많은 것들을 배우게 되었습니다. 언제나 스스로 자원하여 철야기도를 하시는 분들 그 힘든 여정을 생각하면 하나님이 그 기도를 아니 들어주시지 못할 거라는 믿음이 생긴 것입니다. 정말 칭찬하고 싶은 분들 우리 교회는 그런 분들이 많아서 좋습니다. 이제 저는 기도를 게을리 하지 않을 것입니다. 그렇게 어려운 기도를 합심해서 하다 보니 합력하여 선을 이룬다고 이 나라가 잘 될 수밖에 없다고 봅니다.

바르게 사는 법

상당한 시간이 흘렀습니다. 오래 전 제가 살던 마을에 조그마한 약국이 하나 있었습니다. 그 약국에서 약을 파시는 약사님은 다른 곳에서 오신 나이가 제법 많으신 어른이셨는데 그분은 이상하게도 걸음걸이가 반듯하지 못하고 항상 한쪽으로 치우쳐 삐딱하게 걸어 다니셨습니다.

어떡하다 저리 되셨을까 늘 궁금했었는데 알고 보니 그분은 태어날 때부터 선천적으로 잘못되어 불구의 몸이 된 것이 아니라 살아가는 도중 사고를 당하여 갈비뼈 하나를 잃게 되면서부터 중심을 잡지 못해 쏠림현상 때문에 그렇게 한쪽으로 치우쳐 걷게 되었다고 합니다. 다행히도 오장육부가 튼튼하여 건강하게 사시다가 돌아가셨지만 의술이 발달한 요즈음 같았으면 그대로 방치하지는 않았을 것입니다. 보기가 흉해서 인공뼈라도 해 넣어서 그 후라도 반듯하게 걸어 다니셨을 것입니다.

오늘날 '바르게 살기 운동'이란 사회적 단체가 있습니다. 이 운동을 전개할 때까지는 새마을운동처럼 이런 불편한 신체적 특징이나 결함 같은 것을 고쳐보자는 것은 아닐 것입니다. 우리 사회 전반에 깔려 있는 잘못된 부분들을 바로잡아 보자는 뜻에서 출발했다고 봅니다. 그래서 발족 당시부터 이 운동을 전개할 때 새마을운동 버금가는 운동이 될 것이라고 기대를 굳게 걸었습니다.

그러나 시작과는 달리 지금은 활동을 하는지 안하는지도 의심이 갈

정도로 퇴색되어 유명무실해졌습니다. 그러면서 일 년에 한두 번 정부의 보조를 받아가면서 막대한 예산을 들여가며 체육관을 빌려 행사를 하고 있습니다. 그러니 사람들은 저것도 하나의 정치적 산물이라고 수군대나 봅니다. 우리나라에 이런 사회단체가 한두 군데가 아닙니다. 저는 병들어 가는 이런 단체들 먼저 바로잡았으면 합니다. 삐딱한 국민이 아니라 삐딱한 단체가 문제가 없기를 바라는 마음 간절합니다.

여성보감

나는 누가 나에게 이 세상에서 가장 아름다운 것이 무엇이냐고 물어본다면 나는 지체 없이 꽃이라고 대답할 것입니다. 꽃보다 아름다운 것은 없습니다. 꽃은 아름다움의 대명사요 극치입니다. 얼마나 예쁜지 꽃을 보면 누구나 다 꺾고 싶고 갖고 싶고 욕심이 난다고 봅니다.

이런 이유로 해서 이 땅에 사는 많은 여성들이 아름다워지고 싶어 한다고 봅니다. 그래서 늘상 틈만 나면 화장대 앞에서 거울에 비춰지는 자기 모습을 보며 닦고 문지르고 바른데 또 바르고 많은 시간을 할애한다고 봅니다.

공들이게 되면 들인 만큼 달라 보이는 게 화장입니다. 오늘날 메이크업이 뜨는 이유가 바로 이와같은 변신에 있습니다. 그러면 아무리 못생긴 박지선이나 오나미 같은 사람도 전인화처럼 예뻐 보이기 마련입니다. 이런 마술 같은 힘 때문에 여성들은 화장을 살림 다음으로 일순위로 치는지도 모릅니다.

턱을 깎고 코를 세우고 쌍꺼풀에 기미, 주근깨, 지방흡입까지 비록 돈은 들지만 할 수만 있다면 해보는 데까지 해보고 싶은 게 여성이라고 봅니다. 이런 광적인 유행이 봇물처럼 터지자 너도나도 그 대열에 끼어들다보니 요즈음 잘나가는 성형외과병원은 찾아오는 여성들로 호황을 누린다고 합니다.

즉 하루를 굶더라도 오늘 당장 예뻐지고 싶어 하는 여성들의 심리가 만들어낸 기현상입니다. 이것을 문제 삼으면 어떤 이는 여성본능에서 우러나오는 지극히 자연스런 현상이라고 옹호하겠지만 도를 넘는 집착은 병과 같은 것입니다. 우리는 정도를 알아야 합니다.

여기에 아주 재미있는 이야기가 있습니다. 어느 날이었습니다. 한참 피어나는 20대 젊은 처녀가 그만 교통사고로 일찍 죽게 되었습니다. 연애 한 번 못해보고 시집도 못 가보고 처녀는 너무나도 억울해서 하나님께 애원했습니다. 그러자 하나님은 처녀의 사정이 얼마나 딱했던지 그의 요구대로 "나이 70이 되기 전까지는 다시는 널 부르지 않겠다." 약속을 하고 그 처녀를 살려 보냈답니다.

그런데 10년도 채 안 돼 처녀는 다시 같은 사고로 또 죽게 되었습니다. 그러자 잔뜩 화가 난 처녀는 하나님 앞에서 "왜 약속을 지키지 않습니까?" 하며 단단히 따져 물었습니다. 그러자 한참을 말이 없던 하나님이 입을 열었습니다. "얘야, 나는 네가 화장을 하도 진하게 해서 너인 줄을 몰랐노라." 코믹한 얘기지만 참으로 많은 생각을 하게 한다고 봅니다.

그렇습니다. 도를 넘어 지나치면 모자람만 못한 것입니다. 잘못하면 화가 될 수도 있다는 것을 유념해야 할 것입니다. 평소에 어떠했으면 남편이 세수하고 나오는 자기 부인을 몰라서 아줌마는 누구냐고 묻는다면 이것을 어떻게 웃고만 넘어가겠습니까?

부끄러운 일이지요. 20대가 화장을 하면 단장이 되고 30대가 화장을 하면 치장이 되지만 40대가 화장을 잘못하면 위장이 되고 50대가 화장을 잘못하면 변장이 되고 60대가 호장을 잘못하면 환장이 되고 70대가 화장을 잘못하면 송장이 된다는 말을 기억하십시오.

화장은 자연스러울 때 마음을 사로잡는 것입니다. 남의 시선을 끌고 싶습니까? 자연스럽게 꾸미십시오.

잊혀지는 고향 땅

바람막이 소문성이 북쪽을 향하고 병풍처럼 둘러쳐진 아늑한 곳 윗말 우리집은 첫 번째 지금의 기판네집을 지나 녹슬은 철대문이 보이는 바로 옆집에 자리잡고 있습니다. 이곳에서 우리는 가까운 개울가에서 미꾸라지와 가재를 잡고 몸에 좋다는 뱀장어도 잡은 적이 있습니다.

겨울이면 나무하러 탑산골짜기를 지나 장군봉 아래 구설까지 가고 여름이면 소 꼴을 베러 다니기도 했습니다. 소문성 자락 아래는 집채만 한 바위들이 깔려 있어서 갖가지의 짐승들이 깃들이기가 좋아 우리 동네는 신동리라기 보다는 노루가 사는 골짜기라 하여 녹골로도 유명했었습니다.

얼마나 멀리까지 소문이 났는지 멀리 신탄진 회덕에서도 소풍을 오곤 했습니다. 수년이 지나면서 하나 둘 돈 벌러 고향을 뜨면서 반질반질하던 산길은 온데 간데 없고 우거진 잡초들만 무성하여 추억마저도 앗아가고 말았습니다. 온 동네 강씨 집안을 호령하던 맨 꼭대기집 큰할아버지도 순금이 할머니도 복철이 아버지도 우리 아버지 어머니만 남겨둔 채 모두 다들 세상을 떠났지만 고령화된 사회는 젊은이들마저 간 곳 없고 젊다고 해야 이장을 보는 60대 석산이와 그 무리들이 되었습니다.

변화의 물결은 온 동네를 다 바꾸어가고 있습니다. 모내기하던 논들은 비닐하우스가 쳐져있고 동네는 과학벨트가 들어온다니까 보상을 노린 약아빠진 도시사람들이 들어와 헛간으로 쓰던 곳을 개조하여 새로 살고 달구지 대신 아침저녁 언제든 자동차 엔진소리가 고요한 시골동네에 굴뚝 대신 매연을 내뿜고 있습니다. 밤이 되면 호박서리, 참외서리는 꿈도 꿀 수도 없지만 미꾸라지, 뱀장어, 가재 등 고기를 잡는다고 야밤에 횃불을 들고 멀리 골짜기까지 톱을 들고 원정을 다니던 추억도 영영 사라져 아쉽습니다.

이제 길어봤자 2,3년 남았는지 아버지는 올해를 마지막으로 보고 주렁주렁 열린 감나무를 하나하나 따기 힘들다고 아예 둥치를 베어버렸고 흐르는 세월에 복철이네 집 뒤편에 자리 잡은 큰 살구나무는 어느새 고물이 되어 자취를 감추고 그 잘나가던 큰집 당숙들 집은 그 많은 재산 다 어디로 갔는지 둘째의 죽음과 손자들의 잇따른 사고에 패가망신하여 돌보는 이 없는 집은 초라하리만큼 가세가 기울어 형편없이 되어버렸습니다.

여기저기 사람이 산다고 가로등은 있어도 밤이면 인적도 없고 이따금 어떤 사람이 출퇴근해오는지 가끔 자동차 불빛이 정적을 밝힐 뿐입니다. 이제 삼삼오오 지게를 지고 묘 넘어 강가에 풀을 베러가는 모습은 추호도 없을 것입니다.

소문성 밑자락을 끼고 도는 금강은 대청댐 때문에 그 냇가도 물은 줄어들고 건너서 이쪽까지 헤엄치던 부강동네는 공장들로 가득 차 그 분들이 어디로 갔는지 늙어 죽어가는 걱정보다는 과연 과학벨트가 들어오면 어디로 이사를 가는가 세간살이 짐 옮길 걱정이 더 커졌습니다. 제발 어디로 가던지 복숭아꽃 살구꽃이 피고 흙을 밟고 장난치는 애들 모습은 볼 수 있었으면 좋을텐데….

지금은 어느 집을 막론하고 세면포장에 발바닥에 흙 묻힐 곳이 없으니 삭막하기만 합니다. 어른이 계셔도 위아래가 없고 할 말 다하고 사는 요즈음 우리 동네는 말만 농촌이지 도시와 다를 바가 없습니다.

이제 함께 자란 옛사람이 아니면 누가 누군지도 모르는 동네 고랫들 작약골 사람들 하나하나 면면을 헤아려 얘깃거리가 한이 없던 그 시절이 그립습니다.

잠 못드는 밤을 위하여

어디서 많이 들어본 소리 같지요? 이것은 옛날에 유행하던 라디오의 한 밤에 음악편지가 아닙니다. 해가 지고 밤이 되어 잘 때가 되어도 제때에 잠 못드는 사람들이 너무 많기 때문에 저 또한 겪어본 경험자로서 그것이 얼마나 고통스러운지 잘 알기 때문에 드리는 말씀입니다.

잠 잘 주무시는지요. 잠이 보약이라는 말이 있습니다. 사람이 자고 싶을 때 자고 일어난다면 얼마나 좋을까요. 한숨 제대로 자고나면 몸이 날아갈 것처럼 개운하겠지요. 그러나 그런 규칙적인 생활을 하는 사람들도 이따금 잠을 잘 못자는 때가 있다는 게 흠이랍니다. 습관만 잘 들이면 시계의 알람을 맞춰놓지 않아도 때가 되면 자동적으로 졸음이 쏟아져 밤이 무섭거나 두렵진 않겠지요.

하지만 사람은 뜻하지 않게 잠 못 자는 고민이 생길 때가 있습니다. 이리 뒤척 저리 뒤척 아무리 잠을 청해보려고 노력해 보지만 눈만 초롱초롱 정신은 더욱 멀쩡해 지지요. 그날따라 시간은 왜 그렇게 안 가고 꾸물대는지 잔 듯 싶어 쳐다봐도 한시 두시 세시 아직도 날이 새려면 한참을 더 기다려야 하고 이마에서는 식은땀까지 나는 수도 있습니다. 호되게 날을 새우면 이튿날까지 후유증이 그 여파는 며칠을 가기도 합니다. 당연히 일에도 많은 지장을 초래하기 마련이지요.

보통 심각한 문제가 아니라는 것을 저는 겪었습니다. 입은 까칠해 밥

맛도 없고 몸은 수척해져 중병을 앓는 환자 같아 보여 사람들은 선뜻 대하기를 꺼려 하기도 했었습니다. 교인이라 기도도 하고 우물우물 입 안에서는 찬송도 하고 성경도 봤습니다. 우울증까지 나타날 때쯤 하나님께서는 저를 구원하시려고 저에게 어떤 지인을 붙여주셔서 그 분의 소개로 유성에 있는 한 어떤 의원을 알게 되었지요. 의사의 진찰 결과 처방에 따라 바로 옆 약제실에서 약을 직접 조재해 주더군요.

그 약의 반응은 소개자의 말대로 약방에서 사다먹는 수면유도제와는 전혀 다른 효과가 있었습니다. 복용 후 30분 후면 내가 어떻게 잠들었는지 모르게 잠을 깨고나보면 이튿날 아침이었습니다. 효과를 제대로 본 것이지요.

그 후 저는 병이 나은 이후로도 만약을 위해 가정상비약으로 쓰려고 꼭 이 약을 지어다 놓고 이따금 잠을 못들 때 복용하고 있습니다. 그 바람에 요즈음 마음이 얼마나 편안한지 모릅니다. 건강도 많이 회복되었습니다. 그래서 알려드리고 싶은 것입니다.

기도도 좋지만 이따금 불면에 시달려 걱정할 때가 있겠지요. 그럼 병원을 한 번 내방해 보세요. 좋은 의사를 붙여주시면 불면증은 나을 수 있습니다. 철학자 키에르케고르가 말하는 죽음에 이르는 병이란 따로 없습니다.

저는 제가 아는 어떤 분의 여동생도 한동안 불면증에 시달린다기에 그 얘기를 듣고 이 병원을 소개해 주었더니 그분도 얼마나 좋아졌는지 저를 보면 참 고맙다는 인사를 하곤 합니다. 불면증은 흉이 아닙니다. 지체 말고 한 번 처방을 받아보세요. 마음의 편안을 찾아보세요. 밤이 두렵지 않을 것입니다. 거기에 기도를 덧붙이면 더욱 좋겠지요.

남성 수술

요즘은 PR시대라고 합니다.

알리지 않으면 모르기 때문에 이런 것이 여기에 있다는 일종의 자기 소개로써 사람들은 무엇을 하든지 돈벌이를 위한 문을 열 때면 미리부터 이런 지면을 할애한다든지 게시판을 활용하거나 지정된 장소에 현수막을 거는 경우도 있습니다. 사람의 심리란 알아야 찾아오기 때문입니다.

저는 남성 수술을 몰랐습니다. 이른바 남성 수술하면 아~ 그거, 직감적으로 얼른 상상이 가기도 하지만 금시초문 처음 들어보는 생소한 낱말처럼 잘 이해가 되지 않는 부분도 있습니다. 확실하지 않기 때문에 남성 수술은 마치 남자의 국부를 드러내 준다는 성전환 수술처럼 오해하기는 쉽습니다. 이 말은 남자가 자라나 청소년기가 되면 자연적으로 고추에 이상변화가 나타나야 하는데 태초에 어머니 뱃속에서 태어날 때처럼 옛 모습 그대로 고추를 달고 있기 때문에 안 된다는 것입니다.

당연히 벗겨져야 할 부분이 그대로 있는 것도 부끄러운 일이라서 인위적이지만 기계의 힘을 빌려서라도 어른의 모습을 보여주는 것이 정상이라 하여 이것을 가리켜 의학적 용어로 남성 수술인 것입니다. 이상은 없지만 이상하다는 게 올바른 판단인 것입니다. 굳이 돈을 들여서까지 고통을 감내하면서 이런 수술을 받는 이유는 충분합니다. 일찍부터 벗겨내면 자라면서 움직일 때마다 국부가 옷에 닿고 스치다 보면 단련이 되어 느낌이 무뎌져 결혼 후 성생활을 오래도록 지속할 수 있기 때문에 사정이 느린 여자들의 기분을 만족하게 하게 되므로 부부관계가 원만히 좋다는 것입니다.

관계가 좋으면 행복한 것이지요. 그런데 있을게 다 있고 무엇 하나 부러울 게 없어도 근본관계에 있어 잘못되어 불만이 생기게 되면 근본핵심인 이 부부관계에 핵심이 깨어짐으로 인해 순간 바람이 나고 결국에 가서는 이혼이란 최후 수단을 선택하게 되어 헤어질 수밖에 없다는 것입니다. 또한 이 수술을 하지 않으면 속에 있는 불순물 때문에 예상치 못하는 각종 성병을 일으킬 수도 있다는 것입니다. 가정생활에 치명상을 주기 때문에 비중 있게 다루지 않으면 아니 되어서 남성들은 필연적으로 꼭 집고 넘어가야 되는 것입니다.

이 문제를 해결하지 않으면 안 되기 때문에 부끄럽기도 하지만 연일 여러 언론매체를 통해서 방법이나 해법들이 소개되고 있는 겁니다. 이것을 아무리 강조해도 대수롭지 않게 생각하지만 엄밀히 따져 한 가정의 존폐여부가 달린 심각한 문제를 소홀할 수는 없습니다.

실로 세계적으로 이스라엘 민족들은 어려서부터 이 문제를 국법으로 가장 비중있게 다루고 있습니다. 그래서 난 지 8일이면 누구든지 의무적으로 할례의 이 과정을 거치도록 제도화 하고 있습니다. 만약 이 율례와 법도를 어기면 심지어는 같은 민족이라도 한 민족으로 보지 않고 관계를 끊고 나병환자처럼 상종치도 않습니다. 그래서 그 나라 국민들은 이 할례 받지 못한 민족들과는 상대도 하지 않고 아름답고 예쁘게 나무랄 데가 없어도 혼인을 금지하여 엄격하게 다루고 있는 것입니다.

그들이 난 지 8일만에 이와 같은 할례행사를 치루는 것은 의학적 근거가 있기 때문입니다. 갓 낳은 아기는 애지중지 합니다. 핏덩이에 불과하지만 태어나는 순간 거꾸로 들고 아이의 궁둥이를 치는 것은 의식 행위입니다. 8일이 넘으면 그때부터 고통과 괴로움을 안다는 것입니다. 그러기 전에 성기의 겉가죽을 벗겨내서 단련시켜야 만이 오랫동안 부부관계가 유지될 수 있어 상당한 테크닉에 건강에도 적지 않은 도움이 된다는 것입니다.

실로 성경은 세계에서 가장 건장한 사람들 하면 이스라엘 민족을 들고 있습니다. 그래서 애굽왕 바로는 그들을 노예로 삼아 견딜 수 없도록 혹독한 노동을 시켰지만 도리어 그것이 운동처럼 건강을 가져다주어 유달리 체구가 좋았다고 했습니다. 이런 건장한 사람들이 민중봉기라도 일으키면 막아낼 대안이 없기 때문에 애급 사람들은 왕명을 통해 이스라엘 사람들이 지쳐 죽도록 고된 노역을 시켰고 태어나는 사내아이는 무조건 죽이도록 했던 것입니다.

남성 수술, 의사의 돈벌이 수단으로 치부해 버리면 너무 옹졸한 판단이지요. 이것은 누가 권해드리지 않아도 자신이 찾아서 해야 할 필수 선택 과목입니다. 아직도 그대로 방치하신 분이 계십니까?

이건 부끄러워 감추거나 숨길 내용이 아닙니다.

자신을 위해서는 스스로 해야 되는 일이지요.

날짜의 개념

오늘이 며칠일까, 무슨 날이지? 매일같이 보는 달력 누가 세월 가는 날짜를 몰라 알아보고자 묻는 말은 아닙니다. 요즈음은 굳이 달력이 아니더라도 알아볼 수 있는 방법은 도처에 깔려 있습니다.

멀리 볼 것 없이 몸 안에 분신처럼 소지하고 있는 핸드폰 하나만 두들겨 보면 즉시 알 수 있지만 평소와 다를 바 없는 오늘을 이야기하는 것은 오늘이 있기에는 보람찬 어제가 있었고 희망찬 오늘이 있어야만 기대되는 내일이 오기 때문입니다. 그저 먹고 놀다시피 하는 저에게는 어떤 뚜렷한 의미는 없습니다만 새로울 것도 없는 날을 가지고 놀랐기 때문입니다. 새벽잠이 별로 없는 노인들의 증상 때문에 나이가 들다보니 저도 일찍 일어나게 되어 이른 새벽 교회를 가다보니 한 달 사이 어느새 새벽길이 컴컴해져 세월이 빨라도 너무 빠르다는 느낌이 들어 특별히 기고하려는 것입니다.

지금부터 7개월 전 일입니다. 금년이 막 시작될 때 정월 초하루날 앞으로 다가올 6월 22일 하지는 아득히 멀기만 했습니다. 아직도 멀었다고 기다리지도 아니했는데 어느 세월에 그렇게 되어버렸는지 금년도 벌써 반환점을 돌아 7월로 접어든 지 오늘이 22일이 되었습니다.

어느새 연중 낮의 해가 가장 길다는 6월 22일 하지가 지난지도 오늘로써 꼭 한 달이 된 것입니다. 해는 동지를 지나면 하지때까지 매일 1분씩 늘어나고 하지가 지나면 역시 또 동지 때까지 매일 1분씩 줄어드는 것을 보면 7월 22일 하면 오늘로써 하지가 지난지만 한 달 정확히 계산해보면 낮의 해가 꼭 30분 줄어든 셈입니다. 한 달 전만 해도 새벽 5시는 동녘에 해가 뜬 그 후라 날이 대낮같이 밝았는데 불과 한 달 만에 노안으로 인해 앞이 잘 안 보이는 사람처럼 새벽길이 침침해진 것입니다.

시간으로 보면 불과 30분의 차이인데 이렇게 구별되다보니 행동이 어눌하고 굼뜬 노인들은 새벽길이 달갑지만은 않은 것 같습니다. 계절로 보면 24절기 중 초복을 지나 이제 본격적인 더위가 시작되었다고 휴가들도 떠나지만 해는 하지를 고비로 날마다 1분씩 줄어드는 것을 보면 여름도 길어봤자 잠시 헉헉대다가 금방 사라져 갈 것입니다. 잠시 후 미구에 가을이 도래할 텐데 하루를 어떻게 유익하게 보내느냐 하는 것입니다. 두고 보십시오. 덥다고 난리법석을 떨던 여름도 조만간 자취를 감출 것입니다.

오늘을 평범한 날로 일상처럼 보내서는 날짜의 개념은 없고 일년은 지난해처럼 특별할 것이 없을 것입니다. 하루하루는 특별한 날입니다. 어제 죽은 사람은 오늘을 살고 싶어 얼마나 몸부림쳤는지도 모릅니다. 저는 병석에서 일어난 후 하루하루 산다는 것이 얼마나 소중한 지 헛되이 보낼 수가 없었습니다. 날마다 기억할만한 날로 새기기 위해 유난스럽게 살았습니다. 우선 건강을 위해 산이며 강이며 사방을 돌아다니며 어린애처럼 오디와 산딸기 벗을 따서 먹고 약주를 담아놓기도 했습니다.

어쩌다 선녀같은 사람을 만나 날마다 해도해도 끝이 없는 달콤한 얘기도 나누었습니다. 서로 웃고 웃기고 코미디 빵치는 놀이를 즐겼습니다. 애당초 타고난 기질은 아닌데 죽이 맞아 배꼽잡고 웃은 것입니다. 사상과 이념이 같은 사람끼리 만났으니 말년은 희망이 있다고 봅니다. 날마다 보람 있게 이대로만 산다면 하루하루가 평소 같지는 않을 것입니다.

오늘은 이런 글을 썼으니 오늘도 잊지 못할 남다른 하루가 될 게 분명합니다. 그러므로 우리의 달력은 온통 동그라미로 표시되어 가고 하루하루가 기념비적인 날로 일기장이 쓰일 것입니다. 언제나 뜻 깊은 날이 된다면 굳이 오늘 내일 물어볼 필요도 없을 겁니다. 날짜의 개념이 확실하기 때문입니다.

신용과 명예

신용과 명예, 어원은 다르지만 같은 맥락에서 보는 것이 옳을 것 같습니다. 그 이유는 필자가 주변에서 많이 겪어 보아왔기 때문입니다. 지나간 어느 날이었습니다. 필자는 진찰을 받기 위해 우리 관내 보건소를 찾은 일이 있었습니다. 진료도 잘 보지만 진료비가 싸다보니 노인들은 많이 이용하는 편입니다. 환자가 많아 대기 중에 필자는 보건소 복도 곁에 걸려있는 한 액자를 발견하게 되었습니다.

거기에는 이런 내용의 짧막한 글이 들어있었습니다.

'돈을 잃는 것은 조금 잃는 것이요, 명예를 잃는 것은 많이 잃는 것이요, 건강을 잃는 것은 전부를 잃는 것이다.'

이 글귀는 군민에 건강을 보살피는 보건소로서는 딱 맞는 말입니다. 감동적인 이 내용은 단번에 제 마음을 사로잡았습니다. 자신의 몸을 돌보지 않고 지금까지 돈벌이에 혈안이 되어 일만 하다 보니 몸이 망가진 것 같아 저를 너무 많이 깨닫게 했습니다. 그냥 나만 알고 있기에는 내용이 너무 좋아서 저는 이 내용을 발췌해서 함께 나누고자 글을 써야겠다는 생각을 가진 것입니다.

돈은 정말 중요합니다. 우리가 생활하는데 돈을 빼놓고 말 할 수 없습니다. 돈 때문에 살고 돈 때문에 죽고 절대 무시할 수 없는 존재임에는 부정할 수 없습니다. 정가에서 유전무죄 무전유죄라는 말이 떠돌 정도로 돈의 위력은 대단합니다. 한때는 돈만 있으면 가슴에 금배지를 달 수도 있었던 때도 있었습니다. 지금은 인지도에 따라 당락이 결정되기도 하지만 말입니다. 제가 아는 어떤 지인은 아직도 그것이 통하는 줄 알았는지 별로 알아주는 사람도 없는데도 불구하고 군의원에 도전장을 내밀었습니다.

의원님 하면 무보수에 일만하는 명예직이지만 군민들이 의원님하고 우러러보며 존경하니까 그게 부러웠었나 봅니다. 처음부터 된다는 보장은 없지만 그분은 그런 된다는 신념을 갖고 출사표를 던졌지만 그는 실패하고 말았습니다.

충격이 클 테지만 그는 꿈을 접지 못하고 4년 후 다시 도전했습니다. 알게 모르게 비용도 얼마나 많이 들었을까요.

선거 때마다 자금을 마련하느라 애써 모은 재산을 처분했다는 소리를 들으니 가세도 기울었을 것입니다. 그러나 포기하지 않고 이번에는 학교를 하나 설립했습니다. 아마도 누가 조언하기를 이력서가 너무 형편 없다했는지 그렇게 해서 이사장직에 올랐습니다. 이사장이라는 타이틀이 선거에 영향을 준다고 판단했나 봅니다.

그러나 투표결과는 별다르지 않았습니다. 나중에 알고 보니 그분은 평판이 좋지 않았습니다. 얼굴을 안다고 아는 것이 아니라 인심을 잃은 것을 모른 것입니다. 평소 노인정을 찾거나 봉사활동을 많이 한 어떤 분은 본의 아니게 주변의 권유에 떠밀려 억지로 나왔어도 금방 당선의 영예를 안은 것을 보며 꼭 돈만이 능사가 아니라는 것입니다.

신용과 명예는 알지 못하는 군민에 마음도 움직여 무명인을 유명인사로 만들기도 하는 것입니다. 낙선한 사람은 돈도 잃고 명예도 잃었습니다. 많은 것을 잃었지만 다행스러운 것은 건강, 즉 전부를 잃지 않았다는 점입니다. 건강하기 때문에 잃어버린 재산은 예전의 그 분 방식대로 수완을 발휘하여 또 부동산에 투자하면 쉽게 회복할 지도 모릅니다.

그때가 되면 나중 사람처럼 늦게나마 베풀며 살면 그분도 인심을 얻을 것입니다. 그러면 무얼 해도 성공할 가능성은 많겠지요.

침상의 기도

수고해야 그 소산을 먹으리라 말씀하신 하나님!
저는 오늘도 그 말씀 따라 열심히 살았습니다.
이제 침상에 들자하니
하루를 뒤돌아보지 않을 수가 없습니다.
주님 오늘 하루를 지내면서
혹여 죄가 되는 일은 없었는지요.
잃은 것은 무엇이며
얻은 것은 무엇인지 반성하게 됩니다.
주님 저도 제가 한 일을 잘 몰라
기억나지 않을 때가 있습니다.
어디엔가 실수와 잘못이 있다면
저의 죄를 용서하여 주옵소서.
우리에게 있어 작은 약점 하나만 발견돼도
사탄은 어떻게라도 비집고 들어와
우리를 그냥 두지 않고 영혼을 파괴하려 합니다.
가롯유다에게 행한 것처럼 가만히 파고들어
기어이 병들게 하고 있습니다.
주님 참으로 무섭고 두려운 밤입니다.

사탄에게 그런 빌미를 주지 않도록
주의를 기울이게 하옵소서.
악몽에 시달리지 않고 곤히 잠들 수 있도록
주의 평안을 허락하여 주옵소서.
헛된 바램이나 헛된 꿈이 아니라
실로 일어날 수 있는 요셉의 꿈을 주셔서
작게는 제 개인을 넘어
크게는 나라와 민족에게도 도움이 되게 하옵소서.
하나님의 크신 은혜와 축복을 간구하여
주의 이름으로 기도드렸습니다. 아멘.

명의를 찾아서

우리나라는 병 · 의원이 무척 많습니다. 그만큼 환자수가 많다는 반증이기도 합니다. 진찰을 해보면 단 한사람도 성한 사람이 없는 것 같습니다. 모두 다 환자입니다.

저는 체질적으로 워낙 약하기 때문에 조금만 아파도 병원을 달려갑니다. 검진을 받아와서 특별한 증상이 없다는 소견이 나오면 그때 비로소 마음을 놓고 삽니다.

음식을 먹어도 속이 거북하고 탈이 나면 어떤 음식물이 지장을 초래했는지 반드시 검토해보고 다음부터는 그 음식을 절대 먹지 않습니다. 음식에도 궁합이 존재하는 것은 확실합니다. 잘 먹어두어야 합니다. 아프지 않고 건강하게 산다는 것은 우리들의 바램입니다.

99세까지 팔팔하게 살다가 한 3일 앓고서 죽으면 가족들도 고생하지 않고 무척 좋을 겁니다. 그러나 질병은 도둑처럼 어느 날 나도 모르게 찾아와 사람을 고통스럽게 만들고 많은 문제를 낳고 있습니다. 진짜 병원하고 경찰서는 갈 곳이 못됩니다.

저는 젊었을 때 무릎관절염이라는 아주 좋지 않는 무서운 병을 앓아 걷지도 못하고 불구의 몸이 되었던 경험이 있습니다. 그때는 무릎이 아프고 퉁퉁 붓고 심각했습니다. 수소문 끝에 꽤나 잘 본다는 병원을 찾아갔습니다. 관절이라고 주사제를 투여하고 약도 처방해서 복용했습니다. 그러나 얼마 있어 병은 재발되고 악화되어 나중에는 출입도 못하는 신세가 되고 말았습니다.

마음 놓고 활동을 못하니까 집에 있던 성경책을 보게 되었습니다. 그 중 레위기, 민수기, 신명기를 통해 큰 영감을 얻게 되었습니다. 거기 기록된 내용 중 일부는 각종 질병의 발생과정과 치료법이 소개되어 있는데 지금껏 그걸 모르고 있었던 것입니다. 정말 깜짝 놀랐습니다.

문둥병은 참 어렵습니다. 난치병으로 분류되어 지금도 아직 완치되지 못하고 있는 실정인데 성경은 난치병 환자들이 우슬초를 사용하여 깨끗하게 완치되었다고 보여주고 있습니다. 문둥병 즉, 한센병은 뼈와 뼈 사이에 고름이 나오는 병입니다.

관절염은 뼈와 뼈 사이에 염증이 생기는 병입니다. 풍은 뼈와 뼈 사이에 바람이 들어 생기는 병입니다. 모두가 병명은 다릅니다. 그러나 호랑이는 고양이과 동물입니다. 사람도 원숭이과 동물입니다. 병명은 다르지만 학명은 같다고 본 것입니다. 즉 병명은 다르지만 관절염도 학명은 일종의 문둥병에 속한다고 보았습니다.

추측은 맞았습니다. 문둥병에 쓰였던 우슬초를 구해다 먹고 완치되게 된 것입니다. 듣기로는 재발이 쉽고 부부관계에도 지장을 초래한다고 하지만 자식을 셋이나 낳았습니다. 그 후 40년 간 결혼해서 걷고 뛰고 그렇게 많은 활동을 했지만 아직 다리에 이상은 전혀 없습니다.

의사는 명예직이 아닙니다. 치료에 목적이 있기 때문에 무조건 환자만 잘 돌보면 되는 것입니다. 잘만 고치고 낫기만 한다면 그는 실적을 통해 명의가 되는 것입니다.

입과 입을 통해 소문에 소문은 삽시간에 퍼지고 알려진 만큼 환자들은 몰려들기 마련입니다.

요즘은 병 · 의원은 많이 생겨나고 또 사라져가고 있습니다. 손님이 끊기고 문을 닫는 이유는 거리 몫이 나빠서가 아닙니다. 아직도 의술이 부족하기 때문입니다. 잘나가는 병원은 그런 기술이 월등하기 때문에 방문객이 늘어나는 것입니다.

이름 있는 병원은 금방 치료되고 있습니다. 대기자가 많아서 사전예약을 해놓고서도 몇 달씩 기다려야 차례가 돌아오기도 합니다. 명의라는 타이틀이 붙기 때문이지요.

사통팔달

필자는 현재 꽃집을 하나 운영하고 있습니다.

그럴싸한 간판과는 달리 화분을 다루다보니 늘 흙을 만지는 신세라 손이 더러워 어디다 내놓고 자랑할 만한 처지는 못 됩니다.

도시 중심의 상가는 아니고 가게라고 이름 해봤자 하우스만 즐비한 유성 화훼단지 내에 위치한 곳이라 변변치는 못합니다.

허술하기 짝이 없는 비닐하우스 점포지만 갖출 것은 모두 갖춰놓고 구비하다보니 소품에서 대품까지 종류도 다양하게 참 많습니다.

워낙 오래된 단지로 소문난 곳이라 손님도 제법 많이 오시지만 그 손님이 다 물건을 구입하는 것은 아닙니다. 더러는 구경삼아 이집 저집 들리기도 하지만 가격에 대한 내용을 알기 위해 왔다 가시는 분도 계셔서 실제 하루 판매량은 많지 않습니다.

그 상품 중에도 손님 스스로가 가져갈 수 있는 소품을 제외한 덩치가 크거나 무게가 많이 나가는 관엽식물들만 점주인 제가 직접 배달을 하게 됩니다. 그것도 2~3일에 한두 번 꼴로 양이 많지 않아 어쩌다 가끔 있는 드문 일이지만 그것도 1년 365일 열두달 통계를 내보면 적지 않은 수라서 열두 달을 따지면 관내 골목 골목은 거의 다 안가는 곳이 없습니다. 그러기를 반복하다보니 지리에 대해서는 빠꼼이가 다 돼서 내비게이션 없이도 어디든 꿰뚫어보고 다니게 됩니다. 자연 길눈이 밝아 지름

길을 선택하지만 지금은 옛날 길이라 해도 워낙 도로 사정이 좋아 전혀 불편한 점은 없습니다.

도시와 농촌이란 다른 직업 때문에 시골이라 이름 붙여졌지만 시골이라도 불편하거나 부족한 건 없습니다. 전기가 들어오고 도로 사정이 좋다보니 집집마다 도시의 아파트와 똑같은 문화생활을 즐길 줄 알고 자동차를 굴릴 수 있습니다. 농기구 말고도 외출할 때 쓰는 자가용들이 한 대씩 있으니까 말입니다.

이제 농촌도 전답일이 아니면 흙 밟기가 어려워졌습니다. 도로마다 좁은 농로길도 포장이 다 돼있어 옛날처럼 덜컹덜컹 배달을 할 때 물건이 망가질까 노심초사 아니해도 되니 말입니다. 이처럼 여건이 좋다보니 이농도 줄어들고 귀농 현상이 나타나나 봅니다.

이제 산간벽촌은 없어졌습니다. 지금도 다니다보면 여기저기 도로공사현장을 볼 수 있습니다. 운전하기가 얼마나 좋은지 모릅니다.

배달꺼리, 지금은 걱정도 안합니다.

두 얼굴

저는 예전에 어린왕자와 거지라는 재미있는 동화책을 읽어 본 적이 있습니다. 극과 극을 보여주는 신분의 차이는 오늘날 우리사회에서도 얼마든지 찾아볼 수 있습니다. 이런 사람이 있는가 하면 저런 사람도 있고 별에 별 사람이 다 존재하지만 크게 나누어 인간은 두 가지가 있다고 볼 수 있습니다.

즉 좋은 사람이냐 나쁜 사람이냐 하는 것은 그 사람의 평판에 따라 다를 수 있습니다. 이미 나쁜 사람이라고 낙인찍힌 사람은 따르는 사람이 없습니다. 심성 자체가 좋지 못하여 매사 삐뚤게 봄으로써 이런 사람은 어떤 물건을 사기위해 가게에 들러도 기어코 까닭 없이 불평하고 하자 없는 상품에도 생트집을 잘 잡아 주인의 마음을 난처하게 만들기도 합니다.

그래도 어떡하든 손님의 호주머니 돈을 꺼내야 하기 때문에 주인은 아니꼽고 더러워도 굽신굽신 예예 하면서 쩔쩔매는 것 같지만 속은 얼마나 쓰리고 아픈지 장사꾼의 똥은 개도 안 먹는다는 말이 있습니다.

누가 손님은 왕이라고 했을까요. 실은 서로가 필요에 의해 물건을 주고받는 물물교환과 같은 것입니다. 그러나 그렇게 신사적으로 생각하는 사람은 없습니다. 학문깨나 닦고 배웠다는 사람들조차도 주인 대하는 걸 보면 정말 저 분이 박사인가 신분이 의심스러울 정도로 거드름을 피우시는 분들도 있습니다. 누가 좋아할까요? 내 돈 주고 내 물건을 샀지만 그는 욕을 바가지로 먹게 되지요. 저는 정이나 배지 꼴리고 뒤틀리면 손님보다 한 수 더 떠서 선수를 칩니다.

'저 손님 이런 매장이 이 근방에도 여러 군데 또 있습니다. 한 번 다른 데도 둘러보시지요. 마땅한 것이 있을 수 있을 겁니다.'

그러고는 출입문을 열어주지요. 나가라는 뜻이지만 내 돈 가지고 내 물건 하나 내 맘대로 사지 못하고 봉변을 당했다면 그것은 손님의 과오인 것입니다. 너무 위세를 부려도 안 되는 것입니다. 좋은 사람은 그렇게 처세하지 않습니다.

매장에 들어서는 순간 칭찬 먼저 늘어놓게 되지요.

'어머, 참 잘 해놓으셨네요. 사장님, 사장님 인상도 좋고 장사 잘 되시겠네요.'

그러면 주인의 마음은 고무되어 금방 붕 뜨게 되지요. 그리고 물건을 흥정하면 주인은 차마 박절하게 할 수가 없어 하는 수 없이 물건 값을 깎아주고 거래를 이루게 되는 겁니다. 차를 대접하고 이야기를 나누고 좋은 사람 만나면 나누어 주고 싶은 새우깡의 광고 말처럼 되어지는 것입니다.

우리 주변엔 그런 착하고 선한 사람이 필요한 것입니다. 그건 남이 아닙니다. 바로 나 자신인 것입니다.

우린 야누스와 같은 두 얼굴을 가지고 있습니다. 세상에서 가장 선하고 인자한 얼굴을 가진 사람이 예수님의 인상입니다. 그러나 또한 세상에서 가장 악하고 더러운 인상을 가진 사람도 예수님의 모델이 되었던 한 사람이라는 사실을 아실 겁니다.

이 역사적 인물을 그리게 된 화가의 일화처럼 내가 잘하면 좋은 사람의 주인공이 되는 것입니다만 내가 잘못함으로써 지탄의 대상이 되기도 하는 것입니다.

잘 보이고 싶으십니까?

거울 앞에서 화장을 하기 전 마음을 다듬어 보세요.

선과 악이 내게 있습니다.

생산성 소비

1997년도 우리나라 대한민국은 세계 속의 한국이란 말처럼 국민소득 1만불에 자동차가 1천만대, 4천만 남한 인구로 볼 때 한 집에 한 대 꼴로 이제 웬만한 가정이면 자동차 한 대가 없는 집이 없는 고급스런 국민이 다 되어버렸습니다.

그렇다보니 누가 누굴 부러워하겠습니까? 있다 보니 이것도 해보고 저것도 해보고 평소 같으면 해서는 안 될 일도 우리는 자제 않고 막무가내 막 써버리기도 했습니다. 낭비가 심한 탓에 급기야 경제는 흔들리기 시작, 큰 난관에 봉착하고 말았습니다.

그것이 우리 스스로가 자초한 IMF의 경제체제인 것입니다. 이전엔 전혀 들어보지 못했던 IMF, 생소한 말이지만 그 말은 순식간에 전국을 강타하는 위력을 보여주었습니다. 그러자니 이제 와서 모두 다들 줄여라, 아껴라, 그래야 산다고 야단들이 났습니다.

그러나 무조건 줄인다고 되는 것은 아닌 것입니다. 개그우먼 이경실 씨의 말대로 불도 끄고 밥도 굶고 숨도 쉬지 말아보십시오. 살자고 하는 일이 도리어 죽음을 불러올 수밖에 없을 것입니다.

IMF는 사람이 살자고 하는 일입니다.

잘못된 것을 고치고 바로잡자는 취지인 것입니다.

선물을 하기 위해 꽃바구니 화분 하나 사는 일, 그것은 낭비가 아닌 것입니다.

꽃을 받아서 상대방 기분을 유쾌하게 만들고 감사하게 한다면, 그것은 인간을 깨우치는 의의길이요, 박애정신입니다.

나중 다시 내게로 돌아올 투자는 생산성 소비입니다.

늙은 한숨

존경하는 우리 회원 여러분, 벌써 또 한 달이 지났습니다. 똑딱하면 한 시간, 똑딱하면 또 하루 세월은 정말 잘도 갑니다.

가는 세월이 얼마나 빠른지 소설가 이외수씨는 아침에 일어나 겨우 차 한 잔밖에 마신 게 없는 것 같은데, 또 하루가 지나갔다고 개탄했습니다.

그렇습니다. 세월은 항상 그렇게 소리소문 없이 봄에서 여름으로 가을에서 겨울로 계절의 바톤을 넘기고 있습니다. 그러므로 오늘은 제가 회원 여러분에게 꼭 한 번 물어보고 싶습니다.

회원 여러분은 그런 속절없는 세월을 얼마나 보내셨습니까? 금년 내 나이가 60이면 60번, 70이면 70번을 보냈습니다. 이제 나이를 먹다보니 요즘 와서 젊음이 부럽게만 느껴지실 겁니다. 또한 자꾸만 지난 날로 돌아가고 싶을 것입니다.

그래서 젊음을 달라고 가수 현철이 부른 노래를 부를 수도 있습니다. 그러나 가수 서유석의 노래가사처럼 가는 세월 그 누구가 막을 수가 있나요. 흘러가는 저 구름을 잡을 수가 있나요.

그러나 슬퍼하지 마십시오.

잠시 잠깐 시선을 돌려보면 우리들도 지난 한 때는 지금의 잘 나가는 소녀시대처럼 그런 시절이 있었습니다. 한참 젊음을 구가하던 시절에는 그에 못지않게 놀기도 했었습니다. 얼마나 시끌벅적했는지 모릅니다. 힘을 주체할 길이 없을 때는 오줌줄기가 얼마나 힘차던지 한번 소변을 봤다하면 장대 같던 전신주가 다 넘어지고 멀쩡한 땅에 웅덩이가 생겨나고 별놈의 소문도 다 났었습니다.

남달리 괴팍스런 친구들은 오줌이 누가, 누가 더 멀리 나가나 사내들끼리 시합을 벌이기도 했습니다. 그러다 누군가 점점 패색이 짙어지면 재빨리 아랫배에 힘을 잔뜩 주고는 사타구니를 치켜세워 상대방 바짓가랑이에 오줌을 내갈겨 깔깔깔 웃다가 코피 터지게 싸운 적도 있었습니다.

힘이 장사요, 펄펄 날던 때라 여자들도 봤다하면 순순히 그냥 두는 법이 없이 꼭 한 번씩은 건드려서 천하에 난봉꾼 몹쓸 놈의 바람둥이라는 별명도 있습니다.

오로지 힘만 믿고 천하를 주름잡던 그 기새가 지금은 다 어디로 가고 이 모양 이 꼴로 형편없게 되어버렸는지 지금은 고개 숙인 나를 볼 때마다 속상해서 이루 말 할 수가 없을 것입니다.

어떻게 하면 그 화려했던 옛 시절로 돌아갈 수 있을까요. 고민 고민 끝에 골타리에 손을 넣고 만져 봐도 한 번 쓰러져 잠든 놈은 이리 비틀 저리 비틀 도대체 무슨 불만인지 일어나려 들지 않고 있습니다.

여러분 한심스럽지요? 어떤 때는 할 수만 있다면 잘라내고 다른 것으로 바꾸어서 제 기능을 다했으면 좋겠지요. 방법은 없습니다.

한때 우리들도 병원에 들락거렸습니다. 의사의 처방에 따라 약도 복용해 보고 생각날 때는 비아그라도 먹어봤습니다. 그러나 그것도 잠시 한 순간 반짝하다 말았습니다. 묘안이 없습니다. 세월이 말해주고 있습니다. 이제 어제와 오늘이 날마다 다릅니다.

어제 오줌줄기는 옛날같이 쭉쭉 나가지 않습니다. 마치 추녀 끝에 마지막 떨어지는 물방울처럼 뚝뚝 떨어지고 힘이 없습니다.

여러분 남자가 흘리지 말아야 할 것은 눈물만이 아닙니다. 그러나 누가 흘리고 싶어 흘리십니까? 뾰족한 수가 없습니다. 이건 누구의 잘못도 아니요, 질병도 아닙니다. 늙으면 누구나 자연스럽게 겪게 되는 현상이요, 세월의 잔재입니다. 그런 즉, 인지하시고 혹시 집에서 걸핏하면 싼다고 부인이 나무라면 구박해도 화내거나 달려들지 마십시오.

그나마도 남은여생 편히 지내시려면 참는 것이 상책입니다. 이건 어쩔 수 없는 시대의 흐름이자, 돌이킬 수 없는 수난의 역사입니다. 현실이 그런 걸 어디다가 억울하다고 하소연 하시겠습니까. 여러분 오늘 아침, 따뜻한 밥 드시고 오신 분들 있으십니까? 그 분은 참 복 받은 분입니다.

6,70이 넘어서 그런 대접 받는 사람은 찾아보기 힘듭니다. 어떤 병동에 70, 80, 90대 할아버지들이 얼굴에 멍이 든 채 누워있어서 간호원이 물어봤더니, 70대 할아버지 왈 : 부인이 가방 들고 나가길래 어디 가느냐고 물어봤다고 그렇게 됐답니다. 80대 할아버지 왈 : 할머니한테 밥 달라고 했다가 그렇게 됐답니다. 90대 할아버지 왈 : 아침에 눈 떴다고 그렇게 됐답니다.

저는 찬 밥 한덩이 물에 말아먹고 나왔습니다. 한숨짓지 마십시오. 요즘 추세가 그렇습니다. 이제는 남성시대는 끝났습니다. 여성들의 시대가 열렸습니다. 부인 샤워소리만 들어도 겁나고 무섭습니다. 숨고 싶지요. 그래서 우리 남자들은 속으로 웁니다.

천의 얼굴

매스컴을 통해 어쩌다 천의 얼굴이라는 낯선 용어를 들을 때가 있습니다. 흔치 않은 말이라 생소한 느낌이 들기도 하지만 이 말은 여러 가지 얼굴의 연기자를 지칭하는 말로써 연기자들은 배역이 바뀔 때마다 모습을 달리하고 등장합니다.

쉽게 말해 실제 나이는 갓 스물이 넘었을망정 분장을 하면 젊은 청년이 늙은 노파도 될 수 있고 얻어먹는 거지행세도 할 수 있습니다. 시청자가 볼 때는 영락없는 늙은 노파요, 틀림없는 일인이역 거지입니다. 마치 일곱 빛 무지개 색깔을 몸에 지닌 카멜레온과 같은 것입니다.

우리나라에서는 기후조건 때문에 서식이 불가능한 이 동물은 동물의 왕국이나 다큐멘터리 등을 통해서 잘 알려진 적응력이 뛰어난 위장술의 대가입니다. 카멜레온은 변신의 귀재라는 문어처럼 그때그때마다 주변의 환경에 맞게 자기 색깔을 바꾸어 남이 알아차리지 못하도록 보호색깔을 띱니다.

따라서 방어수단이 전혀 없는 카멜레온은 수많은 적들의 눈을 피해 죽음을 모면하고 살아갈 수가 있는 것입니다. 이런 속임수와 같은 기발한 전력을 구사함으로 원시적 동물인 카멜레온은 지금까지 목숨을 부지하고 산다고 봅니다.

신분노출을 꺼리는 것 동물의 세계만이 아닙니다. 죄를 지은 사람도 자신이 들통날까 봐 마스크를 쓰고 색안경에 가발까지 쓰고 다닙니다. 남들이 알아보지 못하게 멀쩡한 얼굴에 상처자국을 내고 붕대를 감고 심지어는 성형수술에 그야말로 천의 얼굴입니다.

지문과 DNA가 아니면 그 사람이 그 사람 같은 5,000만 민족 중에 이런 범죄자를 가려내기란 힘든 것입니다.

여자들은 기미 주근깨를 감추려고 화장을 하고 썬글라스 안경에 마스크는 누가 누군지를 구별할 수 없을 정도로 혼란을 주고 있습니다.

"아~아 웃고 있어도 눈물이 난다." 조용필의 노랫말처럼 본심을 알 수 없는 게 사람입니다. 겉으로는 우속 있어도 속으로는 우는 사람 얼굴은 호남형이지만 속은 응큼하여 구렁이가 댓 마리 들어있는 사람, 부부가 50년을 살았어도 그 내막을 몰라 남편의 외도를 눈치채지 못한 사람, 다들 대력을 맡은 드라마의 주인공들입니다. 일인이역에 삼역, 사역 천의 얼굴을 가지고 사는 겁니다.

스트레스와 표정관리

구직을 원하는 사람들에게 자신을 알리는 이력서는 대단히 중요합니다. 이력서 한 장만 보면 그 사람의 행적과 면면을 한 눈에 파악할 수 있기 때문입니다. 화려한 경력에 우수한 학벌이 괜찮다 싶으면 심사관들은 곧 응시의 자격을 부여하게 됩니다. 그때 시험을 보게 되면 노력한 만큼 1차 합격의 영예를 안게 됩니다.

그래도 마음을 놓을 수 없는 것은 까다로운 2차 면접이라는 관문이 남아있기 때문입니다. 여기서 탈락하면 구제방법은 없습니다. 그동안의 수고가 모두 다 허사로 돌아가는 것입니다. 그래서 구직자는 어떻게라도 붙어보려고 최종 면접을 앞두고서는 밤잠도 제대로 자지 못하고 설치게 됩니다. 오로지 입사를 위해 의복도 갈아입고 거울에 비친 자신의 모습을 보고 이런저런 갖가지의 표정도 지어봅니다. 연습에 연습을 거듭하는 것은 좋은 이미지만이 최종 입사의 자격이 주어지기 때문입니다.

우리도 오늘 한 번 쯤 거울을 바라봤을 겁니다. 자신의 모습이 비춰진 거울 앞에서 내 모습은 어떻던가요? 좋은 인상은 매우 중요합니다. 구직자에게는 사활이 걸린 문제요, 젊은이에게는 짝이 생기느냐 마느냐 연애를 가늠하기도 합니다. 맞선 보는 사람에게는 조건이 아무리 좋아도 상대방의 표정을 보고 마음의 결정을 내리기도 합니다.

얼굴은 이력서입니다. 어떤 분은 얼굴 때문에 팔리기도 하지만 얼굴 때문에 마음을 사기도 합니다. 회사나 기업에서는 돈을 들여서 강사를 초청해 표정관리를 시킵니다. 좋은 이미지는 CF 이상으로 회사에 엄청난 영향을 미치기 때문입니다. 웃는 연습 그것은 표정관리입니다. 막대한 돈을 들여가며 좀 더 예쁘게 멋있게 잘 보이기 위해 턱을 깎고 성형수술을 하는 이유가 그것입니다.

필자가 아는 지인은 안타깝게도 주로 삼사십대 임산부들에게 잘 나타나는 기미 주근깨에 얼굴은 형편없었습니다. 알고보니 까탈스런 부인 때문에 과중한 스트레스를 많이 받아 얼굴에 흠이 생긴 것입니다.

누가 봐도 핏기 하나 없는 핼쑥한 얼굴은 생활에 찌든 흔적이 역력했습니다. 지인은 견디다 못해 결국 64세라는 적지 않은 나이에 황혼이혼을 하고 말았습니다. 우리들은 걱정을 많이 했습니다. 아마도 쉽지 않을 거라고 생각했는데 그 분은 우리의 우려와는 반대로 아주 밝은 표정을 짓고 있었습니다.

요즘은 먹고 살기 위해 장사를 시작했다고 하는데 그 고된 일과에도 시달린 흔적 하나 없이 환했습니다. 이유는 간단했습니다. 누구의 간섭이나 구애도 받지 않고 마음껏 자유롭게 글도 쓰며 자신을 펼쳐갈 수 있기 때문이었습니다. 현재 그 분은 매장을 찾는 고객들로부터 늘 주인의 인상이 너무 좋다는 소리를 듣습니다. 자연스럽게 장사도 나아지고 있습니다.

스트레스는 적입니다. 표정이 열쇠인 것입니다.

우린 탤런트가 아닙니다. 수시로 웃고, 울고, 굳은 표정, 화난 표정, 놀란 표정, 찌푸린 표정 등 다양하게 지을 필요는 없습니다.

특별하지 않은 일반 국민으로써 누구나 호감 가는 평범한 얼굴, 싫지 않은 표정만 지으면 될 것입니다. 그러면 내가 싫어 피해가는 사람은 절대 없을 것입니다.

일종의 표정관리입니다. 스트레스와는 직접적인 연관성이 있는 것입니다.

욕이 된 짐승

많은 욕 중에서 진짜 해서는 안 될 욕이 하나 있습니다.

조금만 기분 나빠도 불쑥 튀어나와 내뱉게 되는 욕이 이 욕입니다. 그러므로 대한민국 사람이면 누구나 다 한 번쯤은 이 욕을 듣고 또 해보기도 했었을 것입니다. 사소한 일에도 마구잡이로 사용하게 되는 무식한 욕 개자식 개새끼는 너무 흔한 욕이 되다보니 욕을 하는 쪽이나 듣는 쪽 모두가 시큰둥하니 별다르게 생각하지 않게 됐습니다.

마치 가깝게 지내는 친구처럼 연령대가 비슷하거나 그 위치에 있는 사람들은 거의 동등한 관계라 대수롭지 않게 생각하기 때문에 왈가불가 시시비비를 잘 가리지 않는 겁니다. 대개는 무시하거나 덮어두는 경향이 많지만 까다로운 사람을 만나면 문제는 심각하게 비화될 수도 있습니다. 자칫 잘못 소홀하게 취급했다가는 커다란 봉변을 당할 수도 있습니다.

그러므로 이 욕을 하찮거나 우습게 여겨서는 안될 것입니다. 개는 자기가 먹고 토한 것을 도로 먹는 짐승입니다. 성경은 모든 입으로 들어가는 것은 깨끗하나 모든 입에서 나오는 것은 더럽다고 했습니다. 보기만 해도 구역질나는 것을 더럽게 토한 것을 개는 그것을 다시 먹습니다. 사람들은 그것을 보고 질겁을 했지요. 더러운 개라고 그래서 더럽거나 못나거나 추접스러우면 개에 빗대어 욕하기 시작한 것입니다.

학자들은 말하기를 개를 테스트해보니 아이큐가 60이라고 높이 평가했습니다. 다른 동물에 비해 지능지수가 높다고 칭찬했습니다. 그러나 개는 똑같은 일을 여러번 반복해서 가르치거나 훈련시키지 아니하면 학습능력이 현저하게 떨어져서 똥오줌을 못 가리고 아무데서나 제 편한대로 대소변을 본다는 것입니다. 그러므로 관리를 소홀히 하거나 방치해두면 때로는 자기를 길러준 은공도 모르고 주인을 물어뜯어 깊은 상처를 주기도 하는 것입니다. 개판이 된 셈입니다.

우리가 알기로는 고양이는 쥐를 잡고 닭은 알을 낳고 소는 일을 합니다. 돼지는 돈이 되지만 개는 도움이 안됩니다. 도둑을 지키라고 키웠더니 도둑놈이 무서워 숨어버리는 수도 있습니다. 그래서 도둑맞으려니 개도 안 짖는다는 말이 생겨난 것입니다. 믿고 맡길 수가 없습니다. 제 역할을 다 하지 못하고 허구헌날 놀기만 하는 것이 개입니다. 사람들은 그런 일면만 보고 개팔자가 상팔자라고 부러운 시선으로 바라보지만 팔자 더럽기로 개보다 더한 짐승은 없습니다.

1950년대 고추보다 맵다는 시집살이를 할 때 우리 내 며느리들은 시어머니한테 구박 받으면 어디다 하소연할 때가 없어 공연히 마루 밑에 잘 자고 있는 엉뚱한 개에게 화풀이를 하느라 발로 차고 때리곤 했습니다. 이유없이 얻어맞은 겁니다. 그래도 먹고 살아야 하겠기에 혹시나 해서 부엌을 서성대면 어디라고 어슬렁거린다고 며느리는 또 부지깽이로 두들겨 팼습니다. 제대로 대우해 줄 수 없기 때문에 욕하는 입장과 같은 것입니다.

개뼈다귀를 뼈로 취급하는 사람은 없습니다. 개뼈다귀는 아무리 끓여도 국물이 우러나지 않습니다. 그래서 개 뼈를 고아먹는 사람이 없습니다. 개떡을 떡이라고 보셨는지요. 좋은 자리에 맛대가리 없는 것을 음식이라고 상에 올릴 수가 없는 것입니다. 저는 어릴 적 과일이 귀하던 시절 개살구를 먹어본 경험이 있습니다. 누렇게 익은 개살구는 보암직도 하지만 먹고싶을 만큼 탐스럽기도 해서 한 입 먹어봤더니 시고 떫고 정말 맛이 없어 먹을 수가 없었습니다. 왜 그런가 어른들께 물어 봤더니 그건 진짜 살구가 아니고 빛 좋은 개살구라고 설명을 해주었습니다. 저는 그때서 아~ 그러니까 개복숭아도 맛이 없다는 것을 깨닫게 되었습니다.

개나리도 본래의 나리와는 확연한 차이가 있습니다. 다른 나리들은 예쁘고 아름다워 터만 있으면 한 포기 사다 심어놓고 관상용으로 쳐다보고 싶습니다. 그러나 못생긴 개나리를 보면 그런 충동은 일어나지 않습니다. 너무 천박하게 생겨서 신작로 가에나 심겨져 먼지에 매연에 시달릴만 하다고 보는 것입니다.

모든 짐승의 가치는 모피에 있습니다. 그런데 개는 계절에 관계없이 털이 잘 빠져 모피로써 제 기능을 할 수 없기 때문에 개는 애시당초 도살할 때부터 아예 털을 태워 없애버리는 것입니다. 개에 비교하지 마십시오. 돼지는 발정기가 되면 콩을 몇 말씩 주고서도 교미를 시키지만 개는 밤낮을 가리지 않고 마당에나 신작로 가에서도 짝을 맺습니다.

보다 못한 사람들이 누가 볼까 민망해서 한참 사랑이 절정에 올랐지만 보기도 흉하다고 작대기 긴 막대로 때리고 찔러서 억지로 떼어놓는 겁니다. 그게 막상 집에서 일하는 소가 그랬다면 돈 벌었다고 환영할 것입니다. 꼭 하는 짓이 눈밖에 나는 짓만 골라하기 때문에 저놈의 개새끼 개새끼 하다보니 입에 배어 욕이 된 겁니다. 개는 욕이 된 짐승입니다.

요즘 누가 개새끼라고 욕을 하십니까? 얼마나 끔찍한 욕인지 모릅니다. 개를 기르시는 분들은 너무 비하시켰다고 분노하시겠지만 기르는 건 뱀도 기릅니다. 저도 한 때 개를 길러 봤습니다. 그러다가 싫증나면 버리는 게 유기견입니다. 요즘은 너무 많습니다. 너무 많이 내다버려 처리가 곤란하여 사회적 문제로 골칫거리가 다 되었습니다. 관리를 해야 합니다.

개는 동물이지만 못난 짐승입니다.

편지와 전화의 차이

처제, 주 안에 평안한지요.

처제도 믿는 자로써 신비한 기적과 이적을 체험했겠지만 나도 지나다보니 여러 가지 많은 경험을 통해 배우는 게 많이 있습니다. 기억하기로는 재작년 늦가을 일입니다.

우연이라고 단정 짓기엔 너무도 오묘한 경험을 했습니다. 후에 깨달은 일이지만 다 이런 데서 오해와 이해가 생기며 어떤 심성인가가 드러난다고 봅니다. 이상하게도 주차장에 세워놓은 차가 아침에 일어나보니 자리를 이탈한 것입니다. 없어진 차는 엉뚱하게도 도로변 사람이 다니는 인도에 멈춰 선 것입니다.

아마도 누군가가 운전이 서툴러 주차를 하다가 후진을 잘못하여 그만 제 차를 들이받아 놓고서는 후환이 두려워 몰래 달아나 버린 듯싶습니다. 너무도 어이가 없고 황당한 일이지요. 살펴보니 아니나 다를까 인도까지 굴러온 차는 가로수를 들이받고 흉물스럽게 찌그러져 손을 보지 않으면 안되었습니다.

속상하지만 도망친 사람은 들킬까봐 얼마나 불안할까요? 나는 수리비만 들면 되지만 그는 한동안 마음이 편치 못하겠지요. 어차피 벌어진 일 하는 수 없이 편안한 마음으로 정비소에 맡기고 수리를 부탁했습니다. 차 안에는 남이 손대서는 안 될 귀중품도 놔둔 채 말입니다. 그 안에는 없어져도 금전상 많은 손해를 볼 것은 없지만 그 속에는 오늘날 나를 이처럼 사람 되게 만든 돈 주고도 살 수 없는 하나님의 영감으로 쓰여진 성경책과 틈틈이 시간 날 때마다 내가 써 온 여러 편의 글들이 있었습니다. 완벽하지는 않지만 몇 차례 수정 작업을 거친 글들은 읽어볼 만도 합니다.

정비사들은 차를 고치기 위해 내부를 들여다보다가 아마도 이 글을 읽게 되었나 봅니다. 그것이 평소 작업하느라 책을 볼 시간이 없는 그들에게는 깊은 인상을 주었나 봅니다. 차를 찾아오고 보름이 지났는데 생각지도 않던 그 공장 여직원한테서 전화가 왔습니다.

이번에 우리 회사 사장님께서 대덕구 방위협회 회장님으로 이·취임식을 거행하는데 저보고 그 연설문을 써달라는 것이었습니다.

처음에는 사양했지만 이 정도라면 맡겨도 될 성싶어 부탁하는 것을 무조건 거절할 수도 없고 저녁 여섯 시경 내일이라는 날짜에 시간이 너무 촉박하여 당황했었죠. 그러나 못한다고 변명도 할 수 없고 고민 끝에 쓰고 또 쓰고 밤이 으슥하도록 원고를 작성해주었습니다. 이번이 두 번째지요. 한 번은 범죄예방위원회 창립총회 때 회장님의 취임문이었습니다.

어쩌다 겪는 일이지만 반응은 참 좋았습니다. 의례적으로 기관장들이 하는 통상 사무적인 딱딱한 말투보다는 자연스런 이야기 형식의 편안한 내용은 관중이 듣기에 좋았었나 봅니다. 직원분들이 여러 차례 거듭 인사를 하더군요.

우연한 사고가 이처럼 보람으로 이어질 줄은 들어간 돈이 아깝지 않았습니다. 이런 절묘한 드라마와 같은 역사는 그리 흔치않은 드문 일이지요. 처제 내가 왜 이런 장황한 설명을 늘어놓는지 궁금할 겁니다. 지금 시대는 변하여 전화는 필수품이 되었습니다.

없는 사람이 없다할 정도로 누구나 소지하고 사용하고 있습니다. 나도 항상 휴대하고 있지만 편리하다고 함부로 사용해서는 안 된다고 봅니다. 50이 넘어 겪을 만큼 겪은 사람이 전화 한 통으로 언니와 형부의 이혼문제를 해결할 것 같아 전화를 걸은 것도 아니고 전화를 요청하는 문자를 띄웠는지요. 그게 그리 쉽게 해결될 문제인지 묻고 싶습니다. 이미 수없는 대화를 통해서 서로는 절대 맞지 않는다는 결론이 난 문제를 어찌한단 말이요.

너무 간과하지 말아요. 그건 계산착오입니다. 좀 더 신중을 기했으면 합니다. 전화는 얼굴만 마주 대하지 않을 뿐 실질적 대화인데 말을 주고받다보면 의견차이로 설전이 오고가고 트집을 잡게 되고 고성이 오고가고 비화될 수 있습니다. 이번 일도 별것도 아닌 것을 전화가 발단이 되어 손님한테 누구냐고 꼬치꼬치 캐묻고 하다 보니 여기까지 온 겁니다. 그래서 나는 함부로 통화하지 않습니다.

비록 초등학교를 나왔을망정 이런 편지는 틀리면 고치고 바로잡아 가능한한 그런 누를 범하지 않아도 되기 때문에 이 글을 쓰는 겁니다. 내가 이런 편지를 고집하는 이유도 여기에 있고 또 그럴 만한 동기도 있었습니다. 이 사건이 터지기 전 어떤 모임이었습니다. 거기 참석한 대부분의 사람들은 박사요, 교수요, 시인에 음악가요, 나 같은 사람은 감히 게임이 안 되지요. 그들은 모일 때마다 예술을 논하고 시를 읊으며 인생을 논하는 수준 높은 사람들이었습니다.

그들과 비교할 때 나는 형편없는 존재지만 할 수 있거든, 이 무슨 말이냐? 내게 능력 주시는 자 안에서 내가 모든 것을 할 수 있으니 라는 하나님의 말씀이 떠올라 나는 단순히 그 말에 의지하여 나도 글을 쓰기 시작했고, 발표도 하게 되어 의외의 반응에 시도 쓰게 된 것인데, 언니는 그것을 이해하지 못하고 꼭 누구를 절절히 사랑해서 그런 글을 쓴 줄 압니다.

이것은 미끼도 아니요, 낚시도 아닙니다. 그것은 은사였습니다.

그래서 그것을 장록 속 면허증처럼 서랍 속에 넣어둘 수만은 없어 세종신문사를 찾아갔던 것입니다. 신문에 실으려면 사전심사도 받아야 되고 다시 손 볼 건 없는지 편집부를 거쳐 다음 주부터 게재하기로 하고 내일 그 원고를 제출한다면 언니와 나는 오늘쯤 또 별 것도 아닌 사소한 이 일을 가지고 나는 해야겠고 언니는 못내게 해서 코피 터지게 싸우게 되었죠. 매사 이렇게 안 된다, 못 한다, 싫다고 반대만 하니까 그만 모처럼의 기회도 저버린 채 신문기고도 철회하고 만 것입니다. 이런 상황을 하루 밥먹듯 자주 겪어봐요. 그 가정이 온전하겠는가. 나는 결국 기분이 나빠 포기했지만 이 부분만은 지금도 한이 된 채 아쉬워하고 있습니다.

나는 그때 크게 깨달은 게 한 가지 있지요. 가화만사성이라고 가정이 화목하지 않으면 절대 될 것도 안 된다는 사실을 말입니다.

처제, 내조는 참 중요한 것입니다. 누구든 서로 돕지 않으면 힘든 것입니다. 언니의 의견대로 글을 쓰거나 명예를 얻는 것은 교만이 아니라 노력입니다. 신념이 있는 한 나는 반드시 책을 출판할 것입니다. 그러나 가정에 실패한 사람입니다. 실패한 가장, 실패한 남편, 아내와 자식으로부터의 불신은 내게도 일말의 책임이 있지만 언니의 성격을 묻어

둘 수는 없습니다. 언니와는 형제로써 처제도 알다시피 그 성격 고치지 않으면 어렵습니다. 생활력이 아무리 강하고 알뜰한 주부라 하더라도 남편의 기를 꺾고 무시하는 태도는 누가 봐도 현숙한 여인이라 볼 수 없습니다.

직접 대화에 나섰던 많은 목사님들조차도 언니에 대해 고개를 내젓는 것을 보면 처제도 느끼는 바가 있어야 된다고 봅니다.

이제, 소송을 제기한 이상 언니와 내가 하나 되기는 힘들 겁니다.

전화로 그러지 말고 꼭 필요하다면 날짜와 장소를 정하는게 옳다고 봅니다. 지금 그간 보낸 생활에 어느 정도 불쾌한 감정도 사라졌는데 다시 거론하지 맙시다. 나는 될 수 있는 한 좋은 일만 생각하려 합니다. 언니에 대한 원망도 미련도 버리고 신앙생활이나 잘 하려고 합니다. 교회는 내가 와서 달라진 점도 많아 많은 사람들이 필요로 하기에 사랑도 받고 있습니다. 가끔 외롭다는 것 외에 바랄 것이 없습니다.

바랄 것이 있다면 언니가 변했다는 소식이요.

2013년 2월 19일 오후 2시 35분

뚱보의 별명

1950년 우리가 겪은 6.25는 참으로 비참했습니다.

3년간의 긴 전쟁은 끝났지만 먹고살기가 힘들었습니다. 극히 일부 잘사는 사람들 몇몇을 제외하고는 동네마다 가난한 집들이 너무 많아 허덕이는 사람들이 적지 않았습니다. 대부분 굶주림에 시달리다보니 행세는 누추하기 짝이 없고 몸들은 영양실조에 형편없이 쇠약해져 있었습니다.

한결같이 얼굴이 뿌옇거나 잘 먹어 배 나온 사장님들이 드문 때라 어쩌다 돼지같이 살찐 사람들을 보면 사람들은 그를 가리켜 돼지 같다고 놀리기는커녕 도리어 배 나온 사장님으로 통하여 그분들은 술집이나 다방 같은 업소에서는 남다른 대접을 받기도 했었습니다. 이런 난리 통에 임신되어 태어나는 아이들은 마치 개월 수를 다 채우지 못하고 태어난 미숙아처럼 체중미달로 팔뚝 굵기가 우리 내 어른들 엄지손가락 같아 지금의 아프리카 난민을 연상케 했었습니다.

이것이 지금의 6~70대 어른들이 겪은 젊은 사람들의 아버지와 어머니들의 파란 많은 과거사입니다.

그때와 현재를 비교해보면 오늘날은 너무나도 다른 딴 세상처럼 변해있습니다. 요즘은 체중을 줄이겠다고 무조건 굶어서 생긴 거식증 환자나 병든 몸이 아니라면 그때처럼 기운 없어 쓰러질 듯 비실대는 사람은 없을 것입니다. 지금은 맛으로 먹지 배고파 먹는 사람은 없습니다. 생활패턴이 달라진 겁니다. 얼굴엔 기름이 졸졸 흐르고 몸은 돼지같이 뚱뚱해져 대부분이 과체중 비만에 걸려 살을 빼지 않으면 각종 성인병에 노출될 위험성이 많다는 것입니다. 건강에 이상이 온다는 것은 예삿일이 아닌 것입니다.

그러다보니 살 빠지는 운동기구가 넘쳐나고 검증도 안 된 약품들이 쏟아져 나오고 있습니다. 이것이 좋다 저것이 좋다 과대광고도 분간하지 않고 무조건 사용하다보니 부작용도 많고 죽음을 부르는 최악의 사태까지 벌어지고 있습니다. 한두 사람이 아닙니다. 의사들의 말에 의하면 우리나라 사람 대부분이 그렇다는 것입니다.

심각합니다. 그러나 무리할 필요는 없습니다. 무엇이든지 지나치면 모자람만 못한 것입니다. 누가 나를 돼지라고 놀려 댑니까? 지금부터 시작하십시오. 방법은 간단합니다. 실천이 어려운 것도 아닙니다. 규칙적인 생활습관과 꾸준한 운동을 전개해 보세요. 바쁜 물레방아는 얼 새가 없는 것입니다. 늘 일정표를 짜놓고 정해진 순서에 따라 끊임없이 노력해보세요. 얼마 안 가 확실히 표가 나게 달라지는 자신을 발견하게 될 것입니다.

본시 돼지는 그렇습니다. 놀고먹으면 살이 찌게 돼있습니다. 그래서 돼지를 키우는 양돈농가에서는 수입과 타산을 맞추기 위해 좁은 공간에 가두어 키우는 겁니다. 놔먹이면 8개월에 출하 할 돼지를 가두어 키우면 5~6개월이면 되기 때문입니다. 우린 그렇지 않습니다. 그런 다스림을 받는 미련한 동물이 아닙니다. 만물을 다스리고 지배하는 만물의 영장인 사람입니다. 제발 돼지라는 소리는 듣지 말아야 합니다. 그건 오명입니다.

필자는 어느 정도 자라난 청년 때부터 55kg을 유지하고 있습니다. 워낙 활동도 많이 하지만 약간의 여유라도 생기면 로댕의 '생각하는 사람' 처럼 무언가를 골똘히 생각하다보니 에너지 소모가 많아 살 찔 틈이 없는 겁니다. 두뇌운동도 운동입니다.

움직이기가 싫고 몸이 둔해지면 혹시 나도 과체중 비만이 아닌가 생각해 보세요. 반드시 살을 빼야겠다고 작심하고 달려들면 돼지 같다는 소리는 안 들을 것입니다.

도리어 탤런트처럼 날씬하다는 호평을 듣게 될 것입니다.

뜨락의 이발사

강석관 수필집

발 행 일 | 2017년 1월 25일
지 은 이 | 강석관
발 행 인 | 李憲錫
발 행 처 | 오늘의문학사
출판등록 | 제55호(1993년 6월 23일)
주　　소 | 대전광역시 동구 대전로867번길 52 (한밭오피스텔 401호)
전화번호 | (042)624-2980
팩시밀리 | (042)628-2983
전자우편 | hs2980@hanmail.net
카　　페 | cafe.daum.net/gljang (문학사랑 글짱들)
카　　페 | cafe.daum.net/art-i-ma (아트매거진 아띠마)

공 급 처 | 한국출판협동조합
주문전화 | (070)7119-1752
팩시밀리 | (031)944-8234~6

ISBN 978-89-5669-798-7
값 12,000원

* 본문에 사용한 종이는 친환경 재생지 '그린라이트' 80g/㎡을 사용하였습니다.